Feicui Shangmao

翡翠商贸

包德清　杨明星　著

中国地质大学出版社
ZHONGGUO DIZHI DAXUE CHUBANSHE

内容提要

本书从一个从事翡翠经营者的角度出发，系统阐述了翡翠商人必须具备的基本素质和人格特征，以简明扼要的语言介绍了中国古代玉文化及在翡翠营销中的意义。在此基础上，结合翡翠设计艺术及翡翠质量评价要素，系统讲述了翡翠商贸中价格评价技术与方法，并结合国内翡翠集散地的特点介绍了翡翠原石与成品在翡翠交易中如何识别各种商业陷阱，如何避免受骗上当以及看货、选货和商业谈判技巧。最后，作者结合中国翡翠市场的实际和市场营销理论，从商业实战出发，系统介绍了从事翡翠经营的企业策划、市场运作和具体营销的技巧和方法。

本书深入浅出，图文并茂，力求贴近市场，注重商业实战技巧，对有志从事翡翠商贸的人士有重要的参考价值。

图书在版编目(CIP)数据

翡翠商贸/包德清，杨明星著. —武汉：中国地质大学出版社，2010.1（2017.9重印）
ISBN 978-7-5625-2351-2

Ⅰ.翡…
Ⅱ.①包…②杨…
Ⅲ.玉石—贸易实务
Ⅳ.F724.787

中国版本图书馆CIP数据核字（2009）第119879号

翡翠商贸 包德清 杨明星 著

责任编辑：张琰 责任校对：张咏梅

出版发行：中国地质大学出版社（武汉市洪山区鲁磨路388号） 邮政编码：430074
电话：(027)67883511 传真：67883580 E-mail: cbb@cug.edu.cn
经 销：全国新华书店 http://www.cugp.cn

开本：787毫米×960毫米 1/16 字数：228千字 印张：11.125
版次：2010年1月第1版 印次：2017年9月第3次印刷
印刷：武汉中远印务有限公司 印数：5 001 — 6 000册

ISBN 978-7-5625-2351-2 定价：45.00元

前　言

近年来，随着我国经济的高速发展，珠宝市场取得了长足的发展，形成了一股珠宝消费热。在这个消费热点中有两个主题：一个是以钻石消费为代表的白色时尚，另一个是以翡翠消费为代表的绿色时尚。白色时尚的形成可以说是中西方文化交融的结果，因为钻石是西方人的经典，中国人消费钻石只是近年的事；而绿色时尚是中华民族玉文化的传承。中国有8000年的治玉文明，对中华民族文化产生了重要的影响，人们爱玉、佩玉、赏玉、藏玉之风自古有之。在基本生活需要得到满足以后，这股绿色时尚之风在中华大地迅速兴起，成为近年来珠宝消费最大的亮点。

绿色时尚的兴起为珠宝企业带来了巨大的商机，20世纪末的市场竞争导致了珠宝市场以打折为主要手段的价格大战，旷日持久的价格大战使企业的利润空间被无限压缩，这是局限于产品层面的市场竞争所导致的必然结果。在市场竞争日益激烈、企业利润空间不断受到挤压的情况下，经营翡翠这种被注入中华民族文化的饰品已成为珠宝企业利润增长的重要支撑点。然而，同经营其他珠宝产品相比，翡翠经营有其特殊性。首先，翡翠因注入了中华民族传统玉文化而成为中国消费者情有独钟的珠宝饰品，购买翡翠饰品消费者固然有对翡翠的颜色、质地的喜爱而情有独钟者，但更多的是玉文化的驱使；其次，翡翠的真假识别和质量评价要素十分复杂，从事翡翠商贸的人在相关产品交易中必须具有一定的专业素养；第三，俗话说“黄金有价玉无价”，谓之无价，主要是文化的无价，如果不具备玉文化知识是不可能做好翡翠商贸的。尽管翡翠时尚的兴起为珠宝企业带来了商机，但许多公司因不具备翡翠经营的专业人才而错失良机。另一方面，在现行的翡翠专著中，系统讲述翡翠专业知识的书籍较多，而介绍翡翠商贸的书籍甚少，本书正是在这种背景下应运而生的。

本书是在中国地质大学（武汉）珠宝学院GIC系列课程——翡翠商贸学课程教学讲义的基础上编撰而成的。由中国地质大学（武汉）珠宝学院副院长、珠宝质检中心主任杨明星教授系统搭建内容框架，由具有丰富市场实战经验的包德清副教授完成初稿，经杨明星教授系统审阅、修改并最终定稿的。在本书的编撰过程中，还得到了珠宝学院党委书记隋红副教授的大力支持与鼓励，珠宝学院学生卜玥文、张宾宾、黄超军、李一鹤等同学协助做了大量工作，中国地质大学出版社的领导和编辑们为本书的出版付出了辛勤的劳动，在此一并表示感谢。本书中的部分插图来自相关企业网站，作者已在书中注明并向图片作者表示感谢！

由于作者水平有限，书中错误在所难免，恳请读者批评指正，以便修订。

笔者

2009年10月22日于武汉

作者简介

包德清，男，工商管理硕士（MBA），中国地质大学（武汉）珠宝学院副教授，硕士生导师。1994年获英国宝石协会珠宝鉴定师FGA证书，1999年通过国家考试获“中国珠宝玉石质量注册检验师”资格，国内资深珠宝学者。1988年进入中国地质大学（武汉）珠宝学院从事宝石加工工艺学教学工作，1999年转入从事珠宝市场营销与经营管理教学与研究工作，开设有珠宝市场营销学、消费心理学、珠宝企业经营管理、设计的营销与管理等课程，具有丰富的市场实战经验，出版的教材有《实用宝石加工工艺学》、《珠宝市场营销学》，发表过多篇学术论文。

杨明星，男，矿物学博士，硕士生导师，中国地质大学珠宝学院副院长、教授，中国地质大学（武汉）珠宝检测中心主任，1991年获英国宝石协会珠宝鉴定师FGA证书，1994年获英国宝石协会钻石分级师DGA证书；1998年通过国家考试获“中国珠宝玉石质量注册检验师”资格；2002年获美国珠宝评估证书。担任中国珠宝玉石首饰行业协会鉴定与评估委员会副秘书长，湖北省宝玉石协会副会长，武汉金饰珠宝行业协会副会长等职务。承担多项国家自然科学基金研究项目和教学研究项目，发表过多篇学术论文，是国内知名的珠宝专家学者。

目　录

第一章 概 述

近年来，中国经济的高速发展带来了市场的空前繁荣，在人们基本生活需求得到满足以后，随即出现了一股收藏热。时至今日，民间收藏方兴未艾，青铜器、古瓷器、名人字画、古玉等成为玩家和收藏者们热烈追逐的对象。返璞归真的白玉消费及北京奥运会的炒作使白玉价格自20世纪90年代以来上涨40多倍；而被誉为“玉石之王”的翡翠，由于资源近于枯竭，再加上中国市场的巨大需求，价格更是逐年攀升。尤其是高档翡翠，价格不断看涨，以前是三个月一个行情，现在是一个月一个行情。

在当今中国珠宝市场中，市场竞争的日益激烈使钻石等多种珠宝首饰失去了利润空间，而只有具中国特色的玉石首饰因被赋予了独特的文化内涵尚有利可图。巨大的市场需求和利益的驱使，使许多商人有了从事翡翠经营的冲动。然而，做好翡翠生意却不是件容易的事。首先，当翡翠的资源日渐稀少而变得贵如黄金之时，造假之风亦甚嚣尘上，一些投机者乘虚而入，以次充好，以假充真，翡翠A、B、C货充斥市场，整个市场变得鱼目混珠，真假难辨，即使是经验丰富的翡翠商人也偶有受骗上当的经历；其次，翡翠的质量千变万化，行内有“三十六水、七十二豆、一百零八蓝”之说，质量评价受多种因素的影响，如水头、颜色、质地、种份等，都能影响翡翠的价格，没有一个具体直观的评价标准，因此，即使是多年从事翡翠经营的行家对翡翠价格的评估也只能是一个大致的价格范围；第三，翡翠是文化饰物，题材是否受购买者的青睐，造型是否独特，构思是否巧妙，工艺是否精湛，是否做到了因料施工、因材施艺等，都会影响到购买者对价格的判断，因此，在不同的购买者的眼中，同一件饰品的价格是有很大差异的；第四，不同环境下观察翡翠的效果会有很大的不同，对于卖者来说，他们总会刻意布置一个好的环境，使翡翠看起来更加漂亮，以便能卖到一个好价钱，而对购买者来说，如果没有经验，很容易受环境的误导，看高翡翠的价格，从而为购买同一件货品付出更多的金钱。另外，买货人的经验与商业谈判技巧，对不同地区翡翠市场行情的了解等都会影响到翡翠的购买价格。这个特殊的行当需要从事翡翠交易的商人具有特殊的实力和丰富的市场实战经验。

一、翡翠商人的人格特征

翡翠生意看似简单，却并不是每个人都可以做的，翡翠商人必须具备以下基本条件：

1.必须具备一定的财力

做生意需要资金，这是一个最简单的道理，也是最基本的条件。特别是希望能将翡翠生意做出一定档次的时候，充足的资金是必不可少的。当然，如果只是想随行就市做点低档货，是不用大量投资的，做大家都能做的低档货也不可能取得良好的收益，更不能在翡翠经营上做出特色。如果我们希望在翡翠生意上做出规模，做出品位，做出档次，做出特色，就必须有大的资金投入和资金储备以便及时调用。我们知道，一件高档翡翠动辄几万元、几十万元甚至几百万元，购买这样一件翡翠也不一定在短时间内能找到接受这样商品的客户，势必会造成产品的积压，急于卖出又不能取得我们期望的利润，这就要求我们有充足的流动资金储备货品。事实上，翡翠是可遇不可求的，我们有时会按照自己的心理预期去寻找一件理想的货品，但市场总是事与愿违，偶尔遇到自己喜欢的货品却又没有那么多资金购买，而当有客户需要某类货品，我们刻意去寻找的时候又找不到了。只有具备了充足的资金，我们才能大胆收购在平常翡翠采购中随机而遇的好货，才能有必要的货品储备，才能更好地满足翡翠消费者的不同需要。另外，有了充足的资金，我们的进货才有一定的批量，批量进货才能更大限度地取得成本优势。

2.必须具备一定的眼力

我们所说的做翡翠生意的人必须具备一定的眼力，首先是对真假翡翠的识别能力。玉器市场是公认的最混乱的市场，一些不法商人为了获取暴利，置商业道德于不顾，肆意造假，以欺骗人为目的，以假充真，以次充好，对翡翠经营造成了巨大的障碍。特别是20世纪90年代初，B货翡翠出现以后，翡翠市场的鱼龙混杂现象更加严重，对翡翠经营者和翡翠消费者都带来了巨大的心理恐慌。近年来，随着《珠宝玉石国家标准》的实施，各地质量监督部门加大了市场监管的力度，翡翠市场得到了一定程度的净化。但只要有翡翠市场的存在，就会有翡翠鱼龙混杂的现象存在。作为翡翠经营者，我们必须具备这样一种眼力：能够快速地从鱼目混珠的货品中识别出哪些是我们真正需要的翡翠。

翡翠商人的眼力还应表现在对自己感兴趣的货品的发现能力上。首先，翡翠的品种千变万化，质量各有不同，我们要具有从各种档次的翡翠中找出自己所需货品的能力。这种能力在进货过程中可以为我们节约时间成本；其次，每一个企业都希望能在翡翠经营上形成自己的特色，除了在产品档次上对自己的目标市场有针对性外，在产品的造型、题材上也能形成自己独到的风格，需要我们在寻找货品时有一种独到的眼光。翡翠的造型和题材是千变万化、千差万别的，如何从众多题材中找到本企业目标市场喜欢的题材，也是经营者眼力和能力的一种体现；再次，翡翠的工艺也有优劣之别，不同的工艺付出的雕琢成本是不一样的，工艺的优劣直接影响产品的价格。作为一个翡翠经营者，我们必须学会快速判断工艺的优劣，学会评价翡翠作品构思是否巧妙，是否因料施工、因材施艺，能否体现出材料的最大价值等。

3.必须具备一定的魄力

翡翠商人的魄力要以财力、眼力和自信为基础，财力强就敢于购买任何自己喜欢的货品而不会在价格的细微之处斤斤计较。没有财力，进货时就会战战兢兢，小心谨慎，缺乏那种志在必得的勇气与气魄。好的眼力不仅能快速地识别货品真假、质量、工艺和特色，而且能根据自己对市场行情的掌握迅速决定它的大致价格，如何开价、如何还价等。一个有魄力的翡翠商人，当看到自己喜欢的货品时，会当机立断，果断出价，不仅是以价格而且是以魄力促使对方成交。关于翡翠的价格，社会上流传着这样一种说法："黄金有价玉无价"，事实上，翡翠交易是"漫天要价、就地还钱"，不懂翡翠市场的人常常试图以货主开价的一定折扣作为还价的基础，其实是对自己的眼力不自信的表现。作为一个翡翠商人，当我们欲购买一件货品时，首先要对其进行认真的研究，评估出其大致价格，决定自己的最高接受价，然后以一定的折扣出价，简单地说，就是以我为主的讨价还价策略，既然能以某种价格接受这种货品，则一定会有信心卖出更高的价格，这是一种自信心的体现。如果一味地优柔寡断，不敢出价，不敢还价或出价不自信，是不能以理想价格购买到理想货品的。

魄力来自于一个人的人格魅力。我们在采购翡翠时，有些货主其实并不在乎成交的利润率，而是看"玉缘"，喜欢上一件翡翠本身就是一种"缘"，这种缘理应包括“人缘”，作为货主，只要有利可图是愿意成交的，而作为翡翠购买者，也一定要考虑买卖双方实现双赢，既让货主赚钱，同时自己也能买到如意的货品才是一种双赢的选择，也是一个人的魄力和人格魅力的体现。

4.必须具备一定的应变能力

翡翠市场充满陷阱，做翡翠生意的人都会认识到这一点，所以看货时总是全神贯注，担心一不小心落入陷阱。但尽管如此，也难免有看错货、出错价、说错话（比如出了价，对方愿意成交而你又不想买）的时候，这时对我们的应变能力是一个考验。我们应当视不同的情况适时调整应对策略，使我们摆脱尴尬的境地。这一点，我们将在相关内容中做具体的介绍。

5.必须具有“玉德”和“玉气”

古人说：君子比德于玉，君子有德，玉也有德。从业者更要比德于玉，以玉的德行规范自己的经营行为。翡翠市场鱼目混珠，无德者甚众，这与玉的德行是背道而驰的。做翡翠生意的人，不管多么专业，不管市场经验如何丰富，都难免有偶尔受骗上当或看货“看走眼”的时候，一个德行好的翡翠商人是决不会让自己“看走眼”的货再流入市场的，这是“玉德”的体现，也是“玉气”——玉的高风亮节的体现。做翡翠生意的人固然要通过卖玉获利，但一定不要惟利是图，要提倡以德取利。要记住：我们不仅是一个翡翠商人，更重要的是我们同时肩负着传播中国玉文化的使命。

二、翡翠商人的基本素质

1.要通晓中国的玉文化

玉文化是我国治玉文明的历史进程中不断积累、不断被赋予新的内涵而逐渐形成的。玉之所以在中国有市场，是因为8000年的玉文化做支撑。同其他所有玉石一样，翡翠也是玉石的一种。只不过同其他玉石相比，翡翠更有特色罢了，如翡翠的颜色千变万化，翡翠的质地晶莹剔透。但无论如何，它也只是“石之美者”的石头而已，如果离开了文化，玉石的“卖点”将变得苍白无力，对消费者的吸引力就会大大降低。所以，玉文化是我们从事翡翠营销的基础，也就是说，翡翠的营销实际上是玉文化的营销，只有在翡翠饰品中加入文化的内涵，才能提高消费者拥有翡翠首饰的欲望，翡翠才有更为广阔的市场。

民间常说“黄金有价玉无价”，并不是说玉无从论价，也不是说玉器的买卖可以漫天要价，而是说其中蕴藏的文化是无价的，消费者感兴趣的也是玉的文化价值。从翡翠材料本身来评价其价值，评价要素固然很复杂，但相对来说还是有可比性的，惟有文化的价值是没有任何可比性的，当然也是无价的。

做翡翠生意的人不同于其他珠宝商人，一个重要区别就是翡翠商人不是简单地靠销售翡翠饰品赚点利润，还肩负着传承中国传统玉文化的重任。每一件翡翠作品都被赋予一定的文化内涵，包含一段不为消费者了解的故事，翡翠饰品本身不是消费者的真正需要，他们真正需要的是其中的文化或其中的故事，只有将这些文化或故事传达给消费者，才能唤醒他们的需求。可以想象，认识中国玉文化对翡翠营销是多么重要了。做翡翠生意的人如果自己不懂玉文化，又如何向消费者传播玉文化呢？

2.要有系统的翡翠及玉石鉴定、鉴赏与评价知识

玉乃石之美者。自然界美丽的石头很多，与翡翠外观相似的石头也很多，而翡翠的颜色、结构等特征是非常独特的。从事翡翠商贸的人首先要学会根据翡翠的那些独有的特征，迅速从外观特征相似的玉石中将翡翠区分开来。

翡翠材料又有A、B、C货之分，所以，当我们确认某一材料是翡翠时，还要进一步确认是天然的还是经过人工优化处理的。如果我们稍有经验，将翡翠和其他材料区分开来并不是一件难事，但要区分翡翠A、B、C货却困难得多，特别是B货翡翠，随着翡翠优化处理技术越来越成熟，一些B货翡翠几乎可以达到以假乱真的境地，稍不留神就会受骗上当。当然，在实验室里鉴定翡翠A、B、C货是一件比较容易的事情，但是在市场上，没有任何鉴定翡翠的有效工具，只能借助我们的眼睛和经验，没有丰富的市场经验是不行的。

识别了翡翠的真假，还要评价翡翠的质量，要求我们要系统地掌握翡翠质量评价的相关知识。翡翠的种类千变万化，质量评价要素千差万别，单就颜色来说，翡翠的颜色有不同的色调，不同色调的翡翠之间价格有很大的差别，即使是同一色调的翡翠，其颜色的浓淡、多少、形状等也会对翡翠的价格造成重大影响。评价翡翠的质量，掌握翡翠质量与价格的对应关系绝非一日之功。不经过系统的学习和长期的市场锻炼是不可能掌握其中的技巧的。

3.要经常从事市场调研，了解市场行情

翡翠产于缅甸，但中国是翡翠的主要消费国，以前的翡翠消费主要集中在香港、台湾和东南亚。21世纪以后，中国经济的高速腾飞以及中国深厚的玉文化底蕴促使中国翡翠市场迅速成长，市场需求越来越大。另一方面，缅甸的翡翠资源经过300多年的开采，储量在不断减少，高档翡翠原料更是近于枯竭，市场供给与需求的矛盾日益突显，导致翡翠饰品的价格不断攀升，十年前一年之间的行情不会变化很大，三年前三个月之内的行情就会有很大的变化，而现在更是每个月的行情都不同。不经常到市场上走一走，不经常调整自己的看货眼光，是很难把握这种行情变化的，也就无法以理想的价格采购到理想的货品了。

现在社会上有很多评估机构，它们会对翡翠的质量和价格做定量的评价。客观地说，评估机构判定的翡翠价格是根据当时的市场行情对翡翠价格高低的一种判断，可以用来作为交易的价格依据，但并不是翡翠的市场交易价格。另外，评估的价格也是有时效性的。社会上也经常会有一些翡翠专家对某件翡翠的价格做出判断，但这都不能代表交易价格。真正的交易价格是购买者在充分了解市场行情的基础上，与货主通过讨价还价而达成的交易价格，不同的人对同一件翡翠价格的认识会有较大的差别是很正常的，对市场的掌握程度、对题材的喜欢程度和看货的眼光及角度不同都会影响对翡翠价格的判断。所以，我们可以说，翡翠饰品的价格是通过交易而得出的，而不是评估出来的。交易的价格是否准确地反映了当时的市场行情，一方面取决于购买者的翡翠质量评估技能，另一方面取决于购买者对当时市场行情的掌握程度。只有将这两方面结合起来，才能对翡翠的价格做出相对准确的判断。

4.要掌握翡翠饰品的特点和营销技巧

翡翠的营销需要独特的技巧。翡翠的魅力不仅在其美丽的外观、晶莹的质地，更在于它所传承中国8000年的玉文化，而玉文化是通过每一件翡翠饰品的题材所代表的文化内涵表现出来的。从事翡翠营销的人首先要对翡翠材料的特征、质量和工艺特色有充分的认识和了解，这是从事翡翠营销的基础。但翡翠的营销如果单从翡翠材料本身来寻找“卖点”，那就大错特错了。消费者喜欢翡翠，与翡翠美丽的外观不无关系，但消费者所需要的不是翡翠本身，而是翡翠饰品所代表的美好的寓意，将此作为一种精神的寄托，这是几千年来玉文化对中国消费者消费观念的影响。所以，从事翡翠营销的人必须在精通翡翠评价的基础上，对营销的每一件翡翠饰品所包含的文化寓意进行深入地分析，提炼每件翡翠饰品的“卖点”，同时，要分析翡翠的“卖点”是否为消费者的“买点”。“买点”与消费者的购买能力、心理需求、审美观念是密切相关的，我们要掌握评估其购买能力的方法和技巧，向不同的消费者推销不同档次的产品，同时，要对翡翠消费者的购买心理进行深入地分析，明确每位消费者的真实需求，发现消费者的“买点”，从文化的角度发掘并满足其需求。

三、翡翠商贸的特点

1.翡翠及相似玉石的鱼目混珠

翡翠市场历来都被认为是最混乱的市场。由于翡翠诱人的利润和一般买家识别翡翠能力有限，导致翡翠做假行为十分猖獗，早期的做假仅限于翡翠染色（即所谓的“C货”）和以假充真（俗称“D货”），稍有经验的买家尚能识别。20世纪80年代后期出现的人工优化翡翠（即“B货”）确实给买主带来了恐慌。我们并不是说“B货”就不能进入市场，问题是“B货”与“A货”（未经处理的翡翠）价格相差数倍至数十倍。一旦不法商以“B货”充“A货”，买家的损失将是不可估量的。

当然，实验室内鉴定翡翠A、B货并不是件难事，但我们到翡翠市场上进货是不可能随身带着显微镜或红外光谱仪等翡翠鉴定仪器的，只能靠眼光和经验对货物的真假加以判断，这本身就是对翡翠商人的一种综合考验。

2.翡翠价格的评估十分复杂

翡翠不同于钻石，钻石因有一个4C标准才使其价格评估变得直观和有依据，而翡翠没有这样的标准。早在20世纪70年代，美国珠宝学院就宣布要制订翡翠的评价标准，但直到现在也没有成功，其根本原因就是翡翠的评价要素太复杂。

翡翠通常以颜色、水头、种质、裂绺、形状、大小和工艺等7个要素评价翡翠的质量和价格。如果单独评价每一个要素都会非常简单，但翡翠商贸中是要对这些要素进行综合评价并要衡量它们与价格的影响关系，使得这项工作变得十分复杂。

3.翡翠行业是一个充满风险的行业

翡翠市场处处是陷阱，在行业内是不争的事实。翡翠成品的真假、优劣和价格欺诈所带来的风险另当别论，单从原材料采购环节就可以说明翡翠行业是一个高风险行业。翡翠原石交易通常称为“赌石”，不论高、中、低档翡翠原石，都有赌的成分。老坑种的原料都有一层厚薄不等的皮，看不到内部有无颜色；新坑种虽然可以看到表面的颜色和材料的质地等情况，但颜色在原石内部的走向是千变万化的，不管是何种类型的原石交易，都有“赌”的成分。既然是赌，必然存在很大的风险，即使是从事翡翠商贸多年的行家里手，也有看走眼的时候，故行内有“十赌九输、一刀穷二刀富、今天腰缠万贯明天一贫如洗”等多种形容翡翠赌石风险的说法。

4.翡翠成品价格受多种因素的影响

翡翠的市场价格受许多因素的影响，主要因素有：

“黄金有价玉无价”——翡翠货主开出的价常常是一个“天价”，故行内有“漫天要价、就地还钱”之说。买家出什么价取决于其对翡翠市场行情的掌握、对货品题材的喜欢程度和看货的眼光。

供求关系——近年来，高档翡翠的产量越来越少，导致翡翠原料的价格猛涨，以前至少一年以上才有一次大的行情变化，现在每个月都会有一次价格的上扬。不同的季节，价格也有较大的差别，缅甸处于亚热带地区，每逢雨季，原石无法运出境时价格就会上涨。

货源——在不同的供货地进货价格不同，如在云南的瑞丽比在昆明进货便宜，在广东其他产地比在广州进货便宜。

购货人的经验——不同的环境可能看走眼，如在灯光下和日光下看货、阴天和晴天看货都会有很大的差别。还有谈判的技巧，高明的买家会多看少买，货比三家，看货、出价都会有独特的经验和技巧。

买家对货物题材的感兴趣程度——翡翠货品的有些题材确实是可遇不可求的，若对题材感兴趣，可以卖出高价，或者本题材已有客人订货马上可以出手，买家可能会出高价。

进货量的大小——进货量大，价格就会有优势。

以上特点是翡翠商贸与其他珠宝商贸相比的特殊性，正是有了这些特殊性，使翡翠市场变成了一个既具风险又具巨大吸引力的市场。一个从事翡翠商贸的人除了应具备必要的理论知识外，更重要的是要不断地参加市场实践。在市场探索中，在对购买活动成功与失败的总结中去培养自己的眼光，考验自己的意志与胆量，积累翡翠商贸的经验。锲而不舍，方能百炼成钢！

四、翡翠商贸的平台

一个从事翡翠商贸的人，除了拥有对翡翠的鉴赏能力和对市场的把握能力外，更重要的还是要将产品成功销售出去，通过翡翠销售为企业带来利润。有了上述能力，只能说我们已经具备了从事翡翠商贸的基础，而要取得翡翠经营的成功，还需要更多的支持力量。

首先，从事翡翠商贸需要相对稳定的市场供给。在市场营销中，每个企业都会根据企业的产品特色确定自己的目标市场，通过我们的产品满足目标市场的需求。目标市场的选择取决于我们掌握的资源情况，取决于我们能否拥有满足消费者需求的产品。翡翠供给市场处于供应链的顶端，为我们的营销活动提供货源保证。不同的市场供应的产品是有区别的，我们必须掌握不同市场的产品特色，有目的地寻找相对稳定的市场供给渠道。

其次，翡翠营销也需要强势品牌的支持。中国的消费市场正在进入品牌时代，品牌是信誉的象征，是消费者信心的保证，品牌营销无疑会给营销者带来更大的价值。翡翠市场的鱼龙混杂已经严重打击了消费者购买翡翠的信心，品牌营销能使消费者重拾翡翠消费的信心。当然，品牌建设是一项长期的系统工程，是企业领导、员工上下一致努力的结果。有了品牌固然使我们的营销有了一个好的平台，但在经营初期品牌还未形成时，我们又靠什么呢？翡翠专家的信誉和权威质量监督部门的支持是十分有效的，这种支持同样能给消费者以信心。不论是建立品牌还是依靠权威质量监督部门，其目的是为我们的翡翠营销建立一个信誉平台。

再次，我们常说“专业的人做专业的事”，翡翠营销是典型的专业的人做的事情。中国虽然有8000年的玉文化，但绝大多数消费者对玉文化的理解还是非常肤浅的，在营销中需要我们以专业的知识和技巧对消费者进行引导，用专业的学识和资深的经历取得消费者的信任。专业的形象也是品牌建立的基础，在品牌效应未形成之前，建立一个专家的形象对我们的营销是十分必要的，也是十分有效的。

最后，翡翠的营销需要媒体的正确引导和造势。当今社会的收藏热应该说是与媒体的渲染与鼓噪分不开的，也为我们的翡翠营销营造了一个良好的社会氛围。而企业要做的事情是如何将企业的声望、企业的优势、企业的产品特色宣传出去，让更多的消费者了解，吸引更多对产品有需求的消费者前来购买。任何一个企业的产品要占领更大的市场，都必须借助媒体的正面宣传，提高企业的知名度和赞誉度。

五、本课程的具体安排

从事与翡翠商贸相关工作的人有两类：一类是做翡翠生意的人，他们对翡翠市场最有发言权，他们懂得在市场上如何去发挥自己的能力，通过翡翠营销赚取更大的利润，但他们不可能将自己的翡翠营销经验传授给别人；另一类是从事宝石学教育的人，他们精通中国8000年的玉文化，精通翡翠的宝石学特征和质量评估，但他们又缺乏驾驭翡翠市场的能力。为了实现理论知识与市场实践的有机融合，本课程设置内容如下：

（1）玉文化在翡翠营销中的意义——引导学生认识中国8 000年玉文化，认识玉文化在翡翠营销中的意义，这是我们从事翡翠营销的理论基础。

（2）翡翠的设计艺术——翡翠的设计讲究因料施工，因材施艺，每件翡翠作品都代表着翡翠设计师匠心独运的艺术构思，代表着一定的文化内涵，翡翠营销的“卖点”正是从这里产生。

（3）翡翠的质量与价格评价——避开翡翠的文化因素，翡翠价格的高低是与其质量密切相关的。从事翡翠商贸的人必须了解不同类型翡翠的质量特点及其与价格的对应关系，它是我们准确把握翡翠进货价格的基础。

（4）翡翠及相似玉的肉眼识别——翡翠不仅有A、B、C货之分，更有真假与仿冒之别，从事翡翠商贸的人必须培养自己在不借助任何鉴定仪器的情况下识别翡翠A、B、C货和仿冒品的能力。

（5）中国主要翡翠集散地——在翡翠进入中国市场的近400年时间里，翡翠集散地经历过几次转移，它是我国玉器市场兴衰的见证。不同的集散地的产品有不同的特色，这里将做全面的介绍。

（6）翡翠原石交易——翡翠原石产于缅甸，不同的时期交易特点不同，但交易方法和技巧没有太大的变化，这里将介绍不同场口翡翠原石的特色，翡翠原石交易的过去和现在，翡翠原石交易的方法和技巧。

（7）翡翠成品采购技巧——不同的翡翠集散地有不同的产品特色，但翡翠成品交易的方法和技巧是相同或相似的。从事翡翠商贸的人，具有独特的人格魅力固然重要，但只有掌握了必要的商业谈判技巧，才能以理想的价格购买到理想的货品。

（8）翡翠的商业零售——这是本书的一个重要内容。商业零售面对的是终端客户，是最能体现企业营销能力的环节，也是决定企业生存和发展的关键环节。从事翡翠的商业零售，我们必须树立一个好的企业形象，选择一个正确的目标市场，制定一套针对目标市场有效的营销策略，这些都是我们营销成败的关键。

第二章 玉文化在翡翠营销中的意义

在中国推行市场经济的今天，“文化”一词变得越来越时髦了。各地为了发展经济，纷纷以文化搭台，经济唱戏，办起了各种文化节，于是出现了酒文化、茶文化等。那么，什么是文化呢？文化是一个民族的整体生活方式及其价值系统，是一个民族在长期的生活和生产实践中积累的知识、信仰、艺术、宗教、哲学、法律、道德的总和。产品的营销需要有文化的底蕴，只有在产品中注入文化的内涵，才能更好地体现产品的价值。所以，谈及翡翠的营销我们不得不谈到中国的玉文化，深厚的玉文化底蕴是中国人爱玉、赏玉、玩玉、藏玉的基础，也是我们从事翡翠销售的基础。

第一节 玉文化对中华民族文化的影响

在中国，玉器有着悠久的历史和独特的含义。中华民族的文明似乎始终与古代玉文化息息相关。这片土地上的每一个文明的进程，似乎也都与古代玉文化有着或多或少的联系，中国古代的玉器文明是一段从未中断过的历史。世界各地都有丰富的玉矿产，比如美国、加拿大、俄罗斯、波兰、新西兰、津巴布韦、意大利、韩国等等。中国只是众多出产国中的一个，但唯独在中国，玉文化从史前时期就一直兴盛不衰，一直传承延续至今。在中美洲和新西兰，也同样有着悠久的制玉传统。中美洲的玛雅文明，延续时间将近4000年，在它的鼎盛期，玉器文明一度非常发达，玛雅文明中的玉面具，相比较于中国同时期的古代玉器，无论是造型能力还是制作工艺都毫不逊色。但遗憾的是，随着玛雅文明的消亡，中美洲的治玉传统也随之中断了。新西兰的毛利族人，同样有着久远的治玉历史，但奇怪的是，他们的玉器制品似乎始终停留在装饰品的层面上，对于玉器文明而言，它的内涵显得太过单薄了（图2-1新西兰毛利文化村展出的碧玉）。而在中国，治玉文明的源头直达人类的史前时期。我们常说中华民族上下5000年，是从夏、商、周三代的夏朝算起，距今有4000多年，而作为中华民族文化的重要组成部分的玉文化，它的历史更早。考古发现，玉文化的历史达8000年之久。最早出土玉器的地方，位于内蒙古赤峰市的一个古老村落，学术界称之为“兴隆洼文化”。考古学家在这里发现了十多件用玉器制作的工具和装饰品，它们距今已有近8000年的历史。与西方文化不同的是，古老中国的玉器文明不仅从未间断过，而且随着时间的推移，玉文化的内涵愈显丰富和厚重。

图2-1　新西兰毛利文化村展出的碧玉

一、玉文化对中华民族文字的影响

玉文化对中华民族文化的影响首先表现为对文字的影响。汉代许慎在《说文解字》中对玉有这样的解释：“玉乃石之美者”，这一注解从物质上（石）和艺术上（美）两个方面科学地阐述了“玉”字的概念。谈及“玉”字的来源，首先应从“王”字说起。“玉”字始于我国最古老的文字商代甲骨文和钟鼎文中。《说文·段注》解释帝王的“王”字时，认为王者即“天下归注也。”董仲舒也说：“古之造文者，三画而连其中，谓之王。三者，天地人也。而参通之者，王也”。《说文·段注》解释王的字形为“三玉之连贯也”，即三横一竖象征一根丝线贯穿着三块美玉，而玉则是王怀中抱的一块石头，可见“王”与“玉”字形上的相似绝非偶然，文字学家推测“三玉之贯”实际上就代表“天地人参通”。玉代表人间祸福的主宰。所以古人有“黄金有价玉无价，藏金不如藏玉”的说法。汉字中的珍宝等都与玉有关，如“皇”字就是“白”和“玉”的组合。后世流行的“宝”字，是“玉”和“家”的合字，这是以“玉”被私有显示出它不可替代的价值。

在漫长的人类文明发展过程中，我们的祖先用玉，也将玉的含义扩及语言和社会生活的各个层面。查《辞源》、《辞海》可知，以玉为部首的汉字近500个，从这些带玉部的字中我们可以清晰地看到中国古代深厚的玉文化底蕴，感受古人以玉为至尊至贵之灵物的单纯的原始崇拜和宗教情感。而在古代诗文中，用玉组词更是不计其数。“玉”字在古人心目中是一个美好、高尚的字眼，常用玉来比喻和形容一切美好的人或事物，“君子比德于玉”是我们后面要讨论的话题。玉既与君子美德相连，也往往与女性形象相连。“玉容”形容美貌的女子，更有“金枝玉叶”、“金童玉女”、“小家碧玉”、“玉貌花容”、“亭亭玉立”、“冰清玉洁”、“如花似玉”和“玉容、玉面、玉颜、玉照、玉骨、玉音、玉手、玉体”等形容女子的词汇；“书中自有黄金屋，书中自有颜如玉”作为旧时激励读书人奋发向上的动力，曾延续了几千年；而从“抛砖引玉”、“金玉良缘”、“锦衣玉食”、“金口玉言”中，我们更能看出玉在我国古代人民心目中的崇高地位。

在日常生活中，以玉为姓的并不多见，以玉为名的则很常见。历朝历代，男男女女，都常以“玉”字为名，以象征自己高尚的品行。

中国人爱玉有其历史的渊源，中国人一般比较含蓄、深沉和内秀，与玉的特性相似，玉的温润是含蓄的一种表现；玉具有较高的韧性和承压性，与中国人民能吃苦耐劳的性格也相吻合，中国人普遍喜欢玉的原因也就不言而喻了。

二、玉文化在早期是图腾崇拜文化

我们不难想象，当人类还处在石器时代的时候，坚硬的玉石无疑成了制作原始工具最优质的原料，这也正是新石器时期出土了大量玉质工具的原因。在漫长的岁月里，古代先人们不间断地制作原始工具来维持他们在各自领地里的生活，生产能力的低下，使得他们只能就地取材，选择一些美丽而坚硬的石头做工具或装饰品。这一时期的玉器称为“彩石玉器”，它们材料庞杂，玉石不分，是古代玉文化的萌芽时期。但就是在这样一个还近似原始的萌芽时期，古人已经为后世玉文化开启了一个重要的源头。

在我国著名的文化遗址——“红山文化”和“良渚文化”中，考古学家发现，这些玉器几乎无一例外地出土在当年最高等级的墓葬中。这些墓葬的主人，有的是当年的大巫师，有的是部落的首领。所以，专家推测，在遥远的史前社会，人们还远不能用一种科学的思维来解释自己赖以生存的这片土地，却又迷醉于玉的神奇瑰丽和珍贵稀有，他们把主宰世间的力量视为冥冥中上天的旨意，而这些稀有而珍贵的天然玉石，无疑是上天恩赐的神物，是精灵的化身。在这些玉石的身上蕴藏着神秘的通灵神性或者存在一种神奇的魅力，能惊天地、泣鬼神。在原始的宗教献祭活动中，人们簇拥在象征上天意志的玉器面前，祈求神灵把福祉降临到他们的身上，而当他们在巫师的召唤下，一次次走向神圣的祭坛，史前玉器便无可阻拦的成就了玉文化初期最辉煌的一个文明。就这样，在史前玉文化的影响下，古老中国的这片土地上，由玉器承载的文明开始了漫长的历史旅程。当人们总结“红山文化”和“良渚文化”玉器的用途时发现，这一时期的玉器与后世玉器的性质截然不同，它们代表着一个神秘的巫玉时代。

在漫长的原始社会，由人的死亡及丧葬开始，逐渐产生了鬼神意识、灵魂观念及万物有灵的思想，最终导致了以礼拜祖先和自然神灵为核心内容的原始宗教的诞生。从最早的原始宗教的图腾崇拜逐渐演化为神秘的巫术，这是自然崇拜的开始，后来逐渐演化成一种礼制，以玉石制成各种礼器用于祭天、祭地、祭祖。到了周代，中国古代礼制达到最兴盛的时代，礼仪被认为能“通神明、立人伦、正性情、节万事”。而玉作为古老的神物，自然与王权政治联系在一起，成为祭祀天地的礼器。礼玉形制不同，用途各异，名称繁多，最重要的是璧、圭、琮、璋、琥、璜，合称“六瑞”。这六种玉器是中国古典礼器的核心。《周礼·春官·大宗伯》：“以玉作六器，以礼天地四方，以苍璧礼天，以黄琮礼地，以青圭礼东方，以赤璋礼南方，以白琥礼西方，以玄璜礼北方。”这是从颜色上来解释它们的用途。

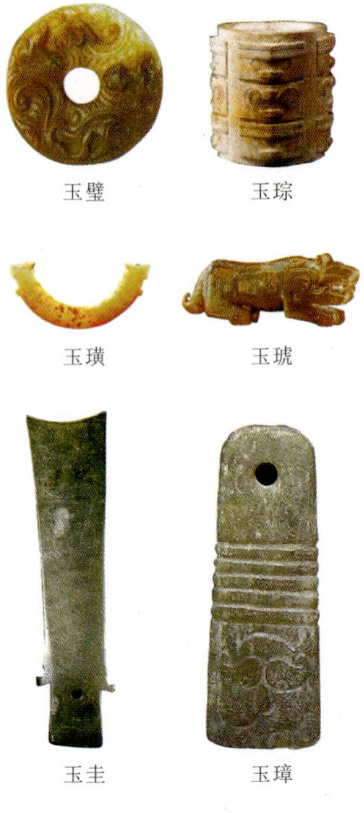

图2-2　中国古典礼器——六瑞

夏商周三代以“六瑞”中之璧、琮、圭、璋为主要的礼祀天地的礼器（图2-2）。商王朝是一个青铜文明的王朝，玉礼器与青铜礼器同样被看作国家王权的象征。这是由于先民们认为玉能代表天地四方及人间帝王，表达上天的信息和意志，是天地宇宙和人间福祸的主宰。《周礼·大宗伯》记载“以玉作六器，以礼天地四方”。本质上就是玉能代表天地四方，通过它，便能沟通天、地、人间的愿望和意识。这种祭祀制度反映了远古先民所相信的一套天人感应的宗教。

三、玉文化中的身份等级观念

在王权统治的年代里，史前玉器神秘的光芒开始消隐了，取而代之的是王权的彰显，玉器不再是原始祭祀中的神器，而变成王室贵族的专属品。玉器与王室贵族之间的关系，从3000年前的商代开始一直到封建王朝的末期，从不曾被割裂过。可以说，当中国进入王权社会后，古代玉器与帝王以及贵族之间便形成了千丝万缕的联系，它们或者是王权的象征，或者是帝王奢侈的珍藏。到了周代，人们进一步赋予了玉器等级森严的礼仪观念。

在这个时代，玉器的颜色、大小、造型都象征着不同的等级，品阶不同的官员手持不同的玉器来表明自己的身份，而他们身上佩戴的玉器也有不同的意义。当他们佩戴玉器的时候，他们的姿势会更为恭谨，连走路的步幅都会有所限制。《周礼·春官》中说："以玉作六瑞，以等邦国。王执镇圭，公执桓圭，侯执信圭，伯执躬圭，子执谷璧，男执蒲璧。"这段话表明玉器不仅是王权的象征，而且是权力等级的标志。每个朝代都对贵族和官员持何种玉器、佩戴何种玉饰有严格的规定，以避免等级的混乱。于是玉器渐渐发展成为一种炫耀或展示财富及权力的饰品，因而受到历代贵族统治集团的重视。这种思想的延续与发展。致使到了后来的清朝，不同官位的朝廷官员在上朝时所佩戴朝珠的不同和朝珠玉质的不同都是代表了一种等级地位。

四、玉文化对道德观念的影响

当历史的车轮推动社会从一个王朝走向另一个王朝时，中国的玉文化在继承前代智慧的基础上，又有了全新的含义。春秋战国时期，社会动荡，诸侯纷争，周代一分为二，从西周走到了东周。在这样一个充满血腥变革的时代，文化却因为政局的动荡而走向了交流和融合，当时活跃在各诸侯国间的诸子百家，纷纷创立自己的学说。在这种学术争鸣的氛围中，玉文化也逐渐形成了一套影响后世数千年的儒家学说——君子玉德说。

学说的创立源于一次谈话。有一天，孔子的学生请教孔子说，为什么现在大家都重视玉而轻视像玉的石头呢？孔子回答说，大家这么做，并不是因为玉石少而像玉石一样漂亮的石头多，更重要的原因是由于玉石凝聚了上天赋予它的一些特性，而这些特性与君子美好的品德是相符的。这次简短的对话被后世的追随者们反复引用，并加以诠释和论述。正因为玉石象征着君子的美好品德，君子佩玉之风由此盛行，而天然玉石被人为赋予的品德也成了后人的共识。儒家是提倡德治的，所以选择了玉作为它的政治思想和道德观念的载体，赋予了玉许多美德，此后玉就被人格化、道德化了。

其实，在西周时期就有《诗云》："言念君子，温如其玉"，将君子喻为玉一样温文而纯洁。人们讲君子比德于玉，君子有德，玉也有德，两者可媲美。

孔子改造了西周时期玉文化的内涵，为后世开创了一套关于玉的全新的理念，这是一种笼罩在人文主义光芒下的思想，洋溢着高尚的道德感和丰富的伦理精神。孔子和后世的追随者是这样阐述玉和君子的关系的："君子比德于玉焉。温润而泽，仁也。缜密以栗，知也。廉而不刿，义也。垂之如队，礼也。叩之其声，清越以长，其终诎然，乐也。瑕不揜瑜，瑜不揜瑕，忠也。孚尹旁达，信也。气如白虹，天也。精神见于山川，地也。圭璋特达，德也。天下莫不贵者，道也。"意思是说：光明磊落的君子应该具有玉一样的品德，玉器温润而散发出光泽，这是它的仁义；清澈而有细密的纹理，纯净而不杂乱，这是它的智慧；做人既廉洁奉公、对周围的亲朋好友又不伤义气，这是它的道义；谦让别人而且自尊自爱，俯首向下，这是它的礼仪。敲打它时能发出清亮高扬、响彻四周的声音，这是它乐观向上的精神；缺点和优点都毫不保留地呈现出来，敢于承认自己的缺点，敢于改正自己的缺点，做到自知之明，光明正大，这是它的忠诚；内外一致、表里如一、内美和外美交相辉映，这是它的诚实；气质如白虹有通天之灵气，这是它宽广的气度；玉孕育于山川，精神世界充实自信如山川大地，这是它像大地一样的胸怀；像圭璋一样有大志、干大事、立大业，这是它的品德；天下莫不把玉视为瑰宝，如同尊重应该遵循的道理一样，这就是以玉之性比人之德的道理。作为君子，具备这些品德是他终生的追求，而天然的玉器，由于上天的恩赐，已经凝聚了这些特性，这正是君子需要比照和学习的最高境界。因此，古人总结说，君子比德于玉，说的就是这种关系。

在儒家玉文化观念的影响下，春秋战国时期，君子佩玉的风气极为盛行，玉佩饰不仅是身份等级的象征，也成了君子品行高洁的代表。从考古出土的文物来看，周代的玉器半数以上都是玉佩饰。从小到1cm的小玉坠，到由几十件甚至上百件玉器组合而成的组玉佩，古代先人们在他们崇尚的礼仪规范中，享受着身为君子的荣耀。

当身为君子的先民们佩戴上这些玉饰，他们的举止也更加庄严和恭敬起来。史书上说，他们的每一个动作都要符合礼的规范，姿态不能太过倨傲，走路的步幅也不能太大，而最理想的境界是，在举手投足间，让玉器相互碰撞出清脆而有节律的声音，这声音不仅集中君子的注意力，同时也告诉周围的人们：君子来去光明正大，从不偷看偷听别人的言谈举动，这便又成为君子行动光明磊落的标志，并传达出最高的礼的内涵，社会的规范就在这种有节律的声音中，走向了和谐和有序。

将玉的美与人的品德融为一体，玉的品质代表一个人的品德、人格。后来的“宁为玉碎，不为瓦全”的崇高牺牲精神，即是以玉的纯洁、高尚为喻，宁可粉身碎骨，也不愿做丑陋小人。

今天，虽然以玉比德的风气大大淡化，佩玉者多数已说不出玉有那么多的道德内涵，但佩玉作为一种有道德修养和文化品位的象征，依然为了解玉文化的人所认同和追捧。特别是“君子比德于玉”的传统，在我们今天的日常生活中依然随处可见。

五、玉文化对宗教信仰的影响

玉文化对宗教信仰的影响可以说是图腾崇拜文化的延伸。中国人对玉的理解，首先是从古代人对自然、天地、环境的神奇力量的不可捉摸到作为神来顶礼膜拜，进而转变为宗教观念的。在原始社会，由人的死亡及丧葬开始，逐渐产生了万物有灵的思想。最终导致了原始宗教的诞生。其最早的表现形式是图腾崇拜，另一种原始的表现形式就是巫术，后来逐渐演化成一种礼制。当各种宗教在我国形成的时候，无论是道教、儒教、还是佛教，都认为神灵的玉会给人以智慧和力量，使人平安地度过一生，所以在玉器中出现了避邪、镇宅、护身等功用的独特文化景观。古人云：“玉入其国则为国之重器，玉入其家则为传世之宝”。“正气内存，邪不可干”，家中拥有美玉，邪气不可入侵，身上佩带一块美玉，便会增添一份自然力量。

早在8000年前古人就已经有了这种特殊的葬玉习俗。位于内蒙古赤峰市的兴隆洼遗址，考古学家把这里认定为中国玉器最早的文化遗址，正是在这里，专家发现了出土年代最早的葬玉。古人认为，玉器是大自然馈赠的宝物，它凝结了天地的精华，把玉片覆盖在人体的不同部位便可以追求死后的尸身不朽。

在佩玉之风盛行的汉代，古人赋予了玉器另一种特殊的功能。今天，在玉器商店里，人们会选购一件玉器佩挂在身上，他们有的是出于装饰的喜好，有的是为了寓意吉祥，还有一些人，他们佩戴玉器的目的却是基于一种驱灾辟邪的心理暗示。在玉文化的传统中，驱灾避邪的理念非常奇特，它的渊源，则是汉代先人独特的玉器风尚。

汉代的先民在道家思想的影响下，认为天然的玉石凝结了天地的精华，人死后，只要把玉器覆盖在尸体的表面，便可以保佑尸身不朽，灵魂升天。在这样的信仰下，汉代玉衣应运而生（图2-3汉代的金镂玉衣）。人们用人体做模型，把上千块玉片连缀起来，做成玉制的衣服套在死者的身上。不仅如此，他们还要在死者的口中放置精致的“玉含”，在手中放上精致的“玉握”，人的五官也用专门的玉器堵住，甚至连人的生殖器都要用特制的玉罩盒加以保护。在河北满城刘胜墓中，出土了一套完整的、后来学者称为“九窍塞”的一套小玉器，古人认为，人体有九个部位可以与天地的精华交融，人死后，为了防止体内的精气外溢，便需要用九种玉器堵住这些出口，包括成对的眼塞、耳塞、鼻塞，另外还有口塞、肛门塞和生殖器罩盒，一共是9件。在这样周详而严密的防护下，他们坚信，即使是在令人畏惧的地下世界，依然可以享受生前的荣华富贵。而这种玉能使人不朽的理念，逐渐地便赋予玉器驱灾避邪的内涵，它的影响也一直延续到了今天。

图2-3 汉代的金镂玉衣

如果说玉的祭礼、镇宅功能是古代先民图腾崇拜的结果，那么，避邪、护身功能可能就是心理作用了。因佩玉而免遭意外之祸，这可能纯粹出于偶然，也可能确有心理因素在起作用。但无论如何，玉可以保平安作为一种信念，起码反映了人类共同的愿望。所以，在中国人看来，玉是无可不为的神，玉文化逐步发展为一种宗教文化，自古至今，玉一直为世人所钟爱也就不难想象了。

六、玉文化中玉的药用功能

玉除了祭礼、避邪、镇宅、护身功能以外，还被传说具有药用功能。这同样是我国玉文化发展过程中玉的另外一种独特功能。《神农本草经》、《本草纲目》等古代医药名著都记载玉石有："除中热，解烦懑，润心肺，助声喉，滋毛发，养五脏，安魂魄，疏血脉，明耳目"等功效；还记载："久服耐寒暑，不饥饿，不老成仙"。这些宣传使当时帝王将相为求长生不老而食用玉，称为"玉食"。

据史籍记载，在汉代不仅流行服用仙丹，有的贵族还推崇服用玉屑，也就是用玉碾成的粉末。他们认为，将玉屑加在干露中饮用，是最好的求仙升天之道。玉的镇静、安神、驻颜功效在慈禧太后的美容秘法中体现得淋漓尽致，即用玉棍在面部搓、擦、挤，其医学解释是用清凉的玉石按摩可以镇静面部神经，收缩面部毛孔，促进面部血液循环，当然效果会好。

从现代生物、物理、化学、医学等领域的分析研究结果表明：玉石本身是蓄气最充沛的物质，相当于一个大磁场，经常佩戴玉饰品或室中陈列玉件，可以改善人体微循环，促进加快新陈代谢、活跃细胞组织、从而增强人的免疫能力，达到防病健身之目的。

七、玉文化中玉的政治经济内涵

玉文化的政治经济内涵是从社会有阶级开始的，因此，它具有鲜明的等级地位、政令、财富等特点。中国人对玉器的等级地位的理解尤为精辟，它用不同的形器划分人的政治地位，不同身份、不同地位的人所执的玉器是不同的。

"完璧归赵"是中国人家喻户晓的故事：相传在西周战国时期，楚国出了一位名叫卞和的识玉者。有一天，他在深山峡谷中发现了一块不同寻常的石头，经反复仔细识别，他断定这是一块难得的璞玉，如能剖开它，一定可以做成稀世的玉雕工艺珍品。于是，就将此璞玉献给了周厉王。谁知，昏庸的周厉王听信庸臣之言，不信其是璞玉，却认为是一块普通的石头。这样，卞和的贡献非但没有受到奖赏，反而惹了一身祸，被处以"欺君之罪"，先后截断了他的左足和右足。这无辜和不公平的遭遇，使卞和万分痛心。他仰天长叹：难道天下竟无人识得这块璞玉？后来，一直到周宣王即位时，才命工匠剖开此石，果真从这块石头的里层取出了一块璀璨夺目、晶莹柔美的璞玉，并用这块璞玉制成了一件精美绝伦的玉雕

工艺国宝——玉璧，也就是历史上以“价值连城”而著称于世的“和氏璧”。秦昭王闻知此事以后，对这块精美绝伦的宝贝产生了浓厚的兴趣，试图以秦国的强大迫使周宣王让出这块美玉，但表面上提出愿意以秦国的十五城交换这块和氏璧。明则交换，实则掠夺。楚国的蔺相如奉命出使，“宁为玉碎，不为瓦全”，演绎了一场“完璧归赵”的悲壮故事。相传公元前221年，当秦王嬴政扫平六国初定天下之时重得和氏璧，将其制成传国玉玺，其方圆四寸，上雕五龙，正面刻有李斯所书“受命于天，既寿永昌”八篆字，以作为“皇权神授、正统合法”之信物，充分体现皇帝独尊和无上权威。嗣后，历代帝王皆以得玉玺为得皇权的标志。

为了占有一块价值连城美玉而不惜去发动战争，涂炭生灵，这本身就说明了玉在人们心目中至高无上的地位。玉的价值胜过生命，胜过国土。古代的玉都是服务于帝王将相、社会上层的，在一般百姓的心目中，玉是神秘而尊贵的无价之宝，再加上其美丽的传说，神秘的功用，其价值又怎么能用金钱来衡量呢？

当人类社会出现了交换以后，玉这种大自然孕育的精灵披着神秘的面纱走入了市场，其经济价值才得以体现。玉也有了好坏之分、档次之别，用来满足不同阶层的消费者的消费需求。如今，随着天然玉石产量的不断减小，玉石已变得越来越珍贵了。尽管每个消费者购买玉的目的不尽相同，有的用于收藏，有的用于保值，有的用于佩戴，有的用于馈赠，但有一点是共同的：那就是都对玉寄托着一种美好的愿望。他们获得玉的途径不再是通过战争和掠夺，而是通过市场交换，有了市场，玉的经济价值才得以体现。

八、《红楼梦》与玉文化

享誉世界的历史名著——《红楼梦》（原为《石头记》）与中华玉文化有着密切的联系。《石头记》可以说是玉记，整部《红楼梦》中是以“玉”字贯穿始终。《红楼梦》中女主人公林黛玉，就是一块美玉；而男主人公贾宝玉佩戴的正是一块“通灵宝玉”。据多年研究《红楼梦》的专家、学者统计，《红楼梦》中总计用“玉”字约5 700多个，并连篇累牍地出现与玉相关联的词语、词汇、词组、诗句、成语典故等。所以，从事玉学、玉文化研究的专家、学者说：“古典文学名著《红楼梦》就是一部玉文化”。

玉文化是《红楼梦》的重要主题，它引用神话女娲补天作为开端。原来女娲氏炼石补天之时，于大荒山无稽崖炼成高经十二丈、方经二十四丈、顽石36 501

块，女娲补天时只用了36 500块，只单单的剩了一块未用，便弃在此山青埂峰下。此石大如雀卵，灿如明霞，莹润如酥，经女娲锤炼后灵性渐显，而进入红尘云游一遭，又将所经历之事镌刻在奇石上，故曰《石头记》。男主人公衔此“通灵宝玉”而生。此玉正面除镌“通灵宝玉”4字外，还镌8字为“莫失莫忘，先寿恒昌”；反面亦12字，为“一除邪恶，二疗冤疾，三知祸福。”从这些吉语看，此玉是无所不能的宝物。得之则人寿宁安，失之则丧魂失魄，诵之则消灾减病，弃之则升仙成佛。“通灵宝玉”与贾宝玉可理解为“人玉一体”，实际上代表统治阶级本身，这与玉文化的中心思想相一致，《红楼梦》主线是“通灵宝玉”，借其对传统玉文化进行了无情的嘲讽与否定，对“通灵宝玉”的褒贬是封建社会思想和政治斗争的具体表现，宝玉之灵已经不通，纵有补天之意，也终究被无可奈何的抛弃。

《红楼梦》如此精彩地描述这块玩石，其实是通过全面否定中华传统玉文化，进而彻底否定封建社会，揭示了整个封建专制制度必然走向衰败的命运，代表着社会前进发展的方向。同时也注入了他自己对玉的情感和对整个人生的态度。曹雪芹在《自题画石诗》中写道：爱此一拳石，玲珑出自然，渊源应太古，堕世又何年？有志归完璞，无才去补天，不求邀众赏，潇洒做顽仙。

以上从八个方面对中国的玉文化作了简单的介绍，从中我们可以看出，中华民族的历史在某种意义上说就是一部玉文化史。玉文化渗透中国社会生活的方方面面，涉及到政治、经济、文化、宗教、民风民俗等多个领域，上至帝王将相，下至庶民百姓，无不对玉有着深厚的情感。今天，在快节奏的都市生活中，玉器更多的成为了人们喜爱的首饰制品。有的人收藏玉器，有的人鉴赏玉器，有的人佩戴玉器，在人们的生活里，玉器或许是一种财富的象征，一种审美的愉悦，一份美好的祈愿，一种心理的寄托，除此之外，或许还有对久远历史的追忆和对古老的中华玉文明的传承。而我们从事翡翠营销的人必须了解这些历史，不仅要为追求利润而传播玉文化，也要为传承中国8000年治玉文明而传播玉文化。

第二节　玉文化中美学思想的变迁

唐代以前几千年的历史长河中，玉器一直被赋予特殊的功能，它延续着礼仪、承载着巫术、象征着王权，这一切在唐朝时开始发生变化。

唐代是一个金银器技艺文明璀璨的年代，到了唐代以后，玉器就逐渐地被金银器取代了，再发展后就被瓷器所取代。因为玉器制造工艺比金银器要困难得多，同时，玉器又没有金银器那么漂亮，所以统治阶级的观念变了，整个用玉的制度，丧葬的制度也就发生了变化。从现在唐墓出土的文物中可以发现，这时的文物以金银器和瓷器为主。

公元581年，中国历史历经魏晋南北朝400年的动荡，而走向了统一的隋朝，此后，经过短暂的过渡，到唐代的时候，国力日益强盛，开创了大唐盛世。这一时期，中亚和西亚的文化艺术开始进入中原地区，并逐渐影响着传统的玉文化，玉器逐渐褪去了神秘和神圣的光环，声名远播的大唐文化，使得不同国度之间的交流成为可能。这是我国玉文化史上的百花齐放、百家争鸣的时代。

由于唐代崇尚金银器，因此，当时还出现了大量金玉结合的作品。虽然唐代玉器已经开始进入了民间，但是在宫廷之中，还一直延续着礼仪用玉的传统，只是它的要求已经远不如以前严格了。唐宋以前，平民禁止拥有玉器，玉器更无法作为商品在市场上流通，它是统治阶级身份的象征，是贵族的专属品。而到了宋代，古玉已经可以在市面上大量流通了，古代玉器开始走下神坛。不仅出现了大批买卖古玉的古董商人，在民间还出现了大大小小的治玉作坊，玉器彻底摆脱了皇室贵族的专属品，开始大量流入民间。此后，人们更多的是将玉器作为珍贵的陈设品和艺术品来赏玩或收藏。而玉器的制作题材也日益融入了人们日常生活的内容，使玉器增加了更多的审美情趣。

明清时期，玉器的民间化和商品化的广度和深度都是前所未有的，无论是皇室用玉还是民间用玉，都已非常普遍了。民间用玉的种类也已经非常丰富，人们用玉做成各种器皿、配饰和日常用具，而工艺也日益精巧。治玉工艺的成熟和社会财富的积累，奠定了清代玉器的辉煌，这是古代玉器历经8000年的传承而铸造的又一个高峰。

清代玉器的辉煌几乎可以看作是一代帝王缔造的一个神话。乾隆皇帝一生爱玉、赏玉，这位帝王在位60年，其中的40年成为了清代玉器，甚至也可以说是古代玉器一个最辉煌的时代。今天故宫博物院馆藏的数万件玉器，也都是这一时期收藏入宫的。在他留下的诗作里，就有多达800多首咏玉诗，这位雄心壮志的帝王甚至还拥有一个因爱玉而得来的雅号“玉痴”。乾隆工的极致，甚至给后人留下了至今也难以解答的工艺之谜。一种清代独创的玉器样式——《大禹治水》玉山子，将玉器的题材带入一个更为广泛的空间。玉山的体积巨大，人们用浑然巨制来形容。一个高达两米多、重量超过5 000kg的庞然大物，再现的是当年大禹治水的场面，上面涉及复杂的人物和山水的造型，据记载，历时10年才制作完成，如此浩大的工程和复杂的工艺，在今天看来仍是匪夷所思。

乾隆逊位100多年后，清代玉器的风尚为之一变。一种在玉文化史上默默无闻的玉料——翡翠异军突起，它的声望超过了传统的和田玉，在很短的时间内迅速颠覆了中华民族几千年的用玉历史。人们不禁要问？是什么力量使传承了中国几千年玉文化的和田玉迅速地退出了历史舞台呢？

第三节 翡翠与玉的关系

中国是爱玉之国，对出于自然的美玉可以用生命去爱。特别是产于新疆和田地区的和田玉，更是因其晶莹美丽、质地细腻、温润光洁、坚实致密，表里一致而久负盛名。为历代帝王将相、达官贵人和文人雅士所钟爱，视其为圣洁之物，作为权力和吉祥的象征。

中国是世界上最早使用玉的国家，加上中国人对玉的功能的独特理解，以致玉对中华民族的文化都造成深刻的影响。中国人将一切美丽的石头都称作“玉”，但翡翠是“他乡之石”，相对于中国8 000年的玉文化，翡翠是后来者。那么翡翠与玉是什么关系呢？

从出土古玉和传世工艺品鉴定结果来看，可以认为中国自古至今通称的玉，包括了和田玉、蛇纹石质玉、南阳玉等。红山文化以后发掘的文物基本上以软玉为主，因为我国新疆产有优质软玉，这种情况一直延续到明清之交缅甸出产的翡翠陆续输入中国为止。

科学技术的发展使人们对玉的认识也产生不断的变化。在原始社会，由于生产工具的限制，人类往往没有能力将真正的玉与似玉的石头区分开来。以致将一切美丽的石头都称为玉，在有文字记录的中国历史上，人们对玉的材质的认识，在不同的时代还是有差异的。

在铁器时代之前，我们的祖先所说的玉包括了蛇纹石质玉等质软的所有的美丽石头。进入铁器时代以后，以当时的工具——铁器不能刻画为标准，才将和田玉称为玉。因为铁器的硬度为5.5，而和田玉的硬度为6.5，铁器是刻不动的。

到目前为止，中国境内没有发现翡翠玉。但据史料记载：有“自古翡翠出腾越”、“翡翠产于云南永昌府”之说，由此，很多人就说“中国云南产翡翠”。根据考证，现今世界上最重要的翡翠产地——缅甸乌鲁江流域，在历史上曾属中国云南永昌府管辖，“云南产翡翠”一说应该也是有其历史渊源的。

从考古文物和宫廷珍藏的宝物来看，从未发现明代以前有翡翠，八国联军从圆明园掠走的翡翠珍品和现在故宫博物院的翡翠藏品都是清朝时期的瑰宝；闻名于世的北京明十三陵的定陵，在发掘过程中也未发现有随葬的翡翠制品，而在清代的墓葬中却有大量发现。所以，可以毫无疑问地说，翡翠是在清代被运入中国的，翡翠时尚的帷幕是清朝晚期才拉开的。关于翡翠是如何来到中国的，曾流传着许多说法，一个比较有代表意义的说法是在13世纪，云南的商人在从缅甸运送商品回云南经过乌鲁江时，由于骡子驼的驮子不平衡，商人便顺手在河中捡起一块石头来平衡驮子，无意中将一块翡翠巨砾带回了云南，放在马厩里经骡子反复蹬踏露出了绿色，才被人发现是一块晶莹剔透的玉石，从此，翡翠被人们发现并在18世纪才开始大量地从缅甸运往中国。

那么，翡翠时尚又是如何在如此短的时间内便取代了在中国流行了几千年的白玉时尚的呢？从表面上看，是由于翡翠进入宫廷以后受到了当时权倾一时的慈禧的喜爱。一个顶级贵族对翡翠的痴迷，其影响力是可想而知的，它迅速在宫中掀起了一股仿照效应。绿色时尚迅速地自上而下，从宫廷到民间流行开来。翡翠时尚的形成，表面看来是慈禧太后对翡翠的钟情，是翡翠的绿艳欲滴，晶莹剔透吸引了含蓄、内秀的中华民族。从本质上来看，白玉时尚之所以在中国能够延续几千年，是因为在中国所产的玉石中，白玉晶莹剔透，质地细腻，符合中华民族含蓄、内秀的性格，而翡翠具备了白玉所具备的所有特征，并在此基础上多了变化万端、娇艳欲滴的颜色，因而更受人们的珍爱。所以，当这种来自异国他乡的晶莹通透的绿色石头进入宫廷的时候，好像是在漫长的冬天生活的人们突然见到了春意一样，一股绿色的时尚迅速在中华大地兴起，流行时间达8000年之久的白色时尚就黯然失色了。

翡翠于13世纪时中国的驮夫在缅甸发现，到了18世纪末才大规模传进中国，登入金碧辉煌的宫廷并迅速在中国流行开来，绝不是一般意义上的巧合，而是中国8000年的玉文化为翡翠建筑了一座终生受用的宏大宫殿，使其有了迅速成长

的土壤。在这个绿色精灵的身上，不仅继承了白玉的内涵，还使中华民族的玉文化得到了延伸。

翡翠经过近300年的流行，迅速成为玉器市场的主宰和中华民族玉文化的传承者，不仅在中国内地、在香港、在台湾，在全球有华人的地方都对这个绿色精灵倍加宠爱。近年来，随着中国经济的高速增长和人民生活水平的大幅度提高，在中国形成了一股翡翠消费热和收藏热。翡翠饰品的市场需求骤增，而缅甸的翡翠矿产经过长时间的开采，原料的供应已严重短缺，特别是高档翡翠原料已近于枯竭。巨大的市场需求和供给不足的矛盾已经日益突显。这一供求矛盾的出现，再加上消费者复古和返朴归真的消费心理，白玉消费近年来持续升温。特别是第28届奥运会在中国召开，为弘扬中华民族文化提供了一个巨大的平台。白玉虽然没有翡翠那么美，但它毕竟凝聚了8000年的中华民族文化和民族情感。所以，未来的中国玉器市场将进入一个白玉饰品与翡翠饰品并存的时代。

第四节　玉文化在翡翠营销中的意义

中华民族是一个爱玉的民族，在漫长的人类发展史中，惟一将玉与人性结合，融会贯通，水乳交融的只有中华民族。中华民族早在远古时代就开创了玉器的制作和使用的历史，在生活实践和与大自然作斗争中创造了极具中国特色的玉文化。举世无双的中国玉器代表着中国灿烂辉煌的玉石文明，也是中华文明不可分割的重要组成部分。自古以来，中华子民以玉祀天，以玉喻人，以玉比德，以玉寄托思想，直抒情怀。身上佩玉，掌上玩玉，家中藏玉，赋予玉以高尚的地位和无所不及的功能。玉器不再是简单地为了装饰，它有着身份、情感、风度及语言交流的作用，从更广泛的层面上来说与国家的政治经济、文化艺术、伦理道德都有着密切的关系。当然，玉文化产生于科学技术和人类文明不发达的远古时代，并随着社会的进步而不断发展和完善，古代的玉器也是服务于王公贵族的。那么，在当今商品经济社会，我们重提玉文化，它的意义何在呢？

同其他所有玉石一样，翡翠也是玉石的一种，只不过同其他玉石相比，翡翠更有特色罢了，如翡翠的颜色千变万化，质地晶莹剔透。但无论如何，它也只是

“石之美者”而已。不管是何种玉石的营销，如果离开了文化，玉石的“卖点”将变得苍白无力，对消费者的吸引力就会大大降低。翡翠的营销更是如此，毕竟在经历了近8000年白玉时尚之后，翡翠作为一个后来者迅速取代了白玉成为玉文化的主角。所以，翡翠本身就是以一个玉文化的传承者的角色进入中国的。中国人对翡翠注入了太多的文化内涵，对翡翠产生购买欲望的人大都心存一个美好的愿望：要么是吉祥纳福，要么是保佑平安；要么是追求复古，要么是迎合时尚；要么是以稀世珍宝收藏，使之流传百世，要么是用以保值增值，造福于子孙万代。这些都是中国8000年玉文化的延续，是中华民族寄予玉独特的情怀。试想，翡翠作为中国玉文化的承载者如果离开了玉文化，还有什么魅力可言呢？翡翠的营销还有多少与其他玉种不同的“卖点”呢？所以我们说，翡翠的营销实际上是玉文化的营销，只有在翡翠饰品中加入文化的内涵，才能提高人们拥有翡翠的欲望，翡翠才有更为广阔的市场。

对大多数中国人来讲，不论男女老少都很喜欢翡翠，这是因为购买与收藏翡翠的好处实在太多了。人们选购翡翠均有不同目的，对当今的翡翠投资来说，首当其冲的是它的保值价值。翡翠作为投资保值要比任何宝石的投资价值高，增值快。从近年来国际拍卖机构的翡翠拍卖记录来看，高档的翡翠拍卖价越来越高。高档翡翠产量少，需要高档翡翠的人越来越多，供求关系将更加紧张，价格还将不断攀高。其次，是翡翠的装饰价值。爱美是人的天性，佩戴首饰可以达到装饰自己、增加美感的目的。由于翡翠颜色多姿多彩，种质变幻无穷，形态多样，大小不一，提供了广阔的美化空间。但投资也好，装饰也罢，在中国目前的社会环境中都不是惟一的选项。而作为一个翡翠经营者，我们必须学会从中国8000年的玉文化中去提炼翡翠的“卖点”。

一、从玉所代表的民族性格中提炼“卖点”

许慎《说文解字》曰：“玉乃石之美者，有五德：润泽以温，仁也。鰓理自外，可以知中，义也。其声舒扬远闻，智也。不挠而折，勇也。廉而不技，洁也”。仁、义、智、勇、洁，此即玉之“五德”。以五德来界定玉，显然是受了儒家文化的影响，是我国古代人玉不分、天人合一的具体体现。在儒家思想的影响下，中华民族以玉石的品德为行为标准，锤炼了一种含蓄、内秀的性格和坚韧不拔的毅力，中国人佩玉是对中华民族文化的传承，是中国人的人生观和价值观，符合中国人的民族精神。更何况，翡翠之绿是春天的象征，是蓬勃向上的表现，世界上没有任何一种宝石的颜色能够像翡翠那样娇艳欲滴、变化多端，给人以生命活力之感，犹如鲜活的生命，朝气蓬勃，生机盎然。绿色也代表着大自然，佩戴着翡翠首饰，似乎更加贴近大自然，好像躺在绿色的森林里面，是那么的惬意！

在令人眼花缭乱的首饰世界里，钻石是西方人的消费经典，虽然钻石在中国也很流行，但它毕竟是一种时尚；虽然贵金属首饰在中国也是恒久不变的消费主题，但它只是作为一种财富的象征；只有翡翠这种承载中华民族8000年玉文化的宝石品种才是中国人永恒的消费特色。

民族的才是世界的，民族的才是最美的。我们从事翡翠营销，决不能单纯地把它看成是一种买卖，而要从传承民族文化的高度让消费者体验购买翡翠首饰的乐趣。

二、从“君子佩玉文化”中提炼“卖点”

有一位新闻记者曾经这样说过：“在我的采访对象中，翡翠佩戴者会给我一种独特的好感。如果他戴着很大的金项链，给我的印象是他是一个很爱显示自己的人；如果他戴着一个钻石戒指的话，给我的感觉是他是一个非常追求时尚的人；如果他戴的是翡翠，我会觉得他是一个非常平和、容易接触的人。而且，这个人应该是比较有内涵的人，有很多隐藏得很深、可以挖掘的东西”。这位记者的表白实在是太精彩了，通过佩戴的首饰判断人的性格、涵养，其依据还是“古之君子必佩玉”的思想。古代大行“君子佩玉”之风，佩玉可以规范君子的言行举止，是否佩玉成为古代社会识别君子的标志，这种思想势必影响到后人对佩玉的认识。真君子也好，伪君子也罢，初次接触只要看到你佩玉在身，便可以认为你是一个有涵养的人，是一个有君子风范的人。

三、从古代等级思想中提炼“卖点”

在中国古代，玉是王权的象征，是最高统治阶级的专属品，即使是王公贵族，不同的等级佩玉也有区别，对于一般百姓来说，玉是让人既期盼拥有，又望而生畏的。虽然从隋唐开始，玉器流入民间，但这种等级思想还是一直延续下来。所以，玉是一个人的身份地位的标志，佩玉应该与人的身份地位相符合。但人与人之间初次接触，其思想境界、道德修养、身份地位是看不到的，但如果是一个佩玉的人且佩戴的玉非常好，可能就会被认为有非常高的思想境界，非常高的道德情操，佩戴的玉如果不好，就认为你没有那么高的身份地位、思想境界和道德情操，换句话说，一个人所佩戴的玉应该与其身份、地位相符合。

近年来，我们这个社会又兴起了佩玉之风，一些社会上层人士（如政府官员或富人）也视佩玉为一种时尚，但他们缺乏对中国传统玉文化的了解，缺乏对玉的真假、质量的评价知识，以致佩戴一块与其身份地位不相符的玉甚至是一块假玉。我们为什么不去引导他们购买一块与其身份地位相符的玉呢！

四、从古代巫术文化中提炼“卖点”

我们已经知道，中国玉文化的产生是从图腾崇拜开始进而演化为巫术文化的。古代人对自然、天地、环境的神奇力量捉摸不透，于是对玉这个来自大自然的精灵产生了崇拜，认为神灵的玉会给人以智慧和力量，使人平安地度过一生。这种巫术文化演化到现在，在玉器中出现了避邪、护身等独特的文化景观。

如今的翡翠消费者大多抱有这样一个消费观念，一尊小小的观音或佛等神像挂在胸前，无不寄托着佩戴者辟邪护身或保佑出入平安的心愿。消费者也相信，嘴巴歪着的神像是为自己说话的；大腹便便的佛像是能包容自己的错误的；肚子上带有绿颜色的佛像（谐音：福禄）是能为佩戴者带来福运或财运的，而肚子上带红色的佛像更是洪福齐天的美好寓意。

五、从寓意文化或情感表达方面提炼“卖点”

在翡翠雕琢作品（饰品）中，雕琢的题材必定代表一种良好的祝愿或寓意，购买翡翠已成为表达情感的一种方式。购买翡翠馈赠亲朋好友是最好不过的选择，因为它具有非常的意义。尤其是中国人对翡翠有一份特别的感情，翡翠丰富的人文内涵及文化寓意完全可以寄情。如夫妻之间用“天长地久”来表达深情，父母用“竹报平安”来希望孩子健康成长，孩子用寿桃来祝福父母健康长寿，朋友用“年年有余”来表达良好的祝愿……

作为一个翡翠经营者，我们首先要对翡翠的各种题材进行研究，搞清其代表的美好的文化寓意，只有这样，我们在进货中根据自己的喜好选择各种题材，在销售中根据目标顾客的喜好和追求有针对性地推销各种题材的饰品。这一问题我们将在下一章中系统地讲述。

六、从保值增值的角度提炼“卖点”

翡翠具有保值增值功能，这是举世公认的事实。翡翠是一种稀缺资源，在现在所发现的翡翠资源中，缅甸是最重要的宝石级翡翠的产地。缅甸翡翠矿床经过近400年的开采，目前已近于枯竭，特别是高档翡翠的产量越来越少。20世纪初，在市场上尚可见到所谓的帝王绿、祖母绿级的翡翠，近年来已经极为罕见，只能在拍卖会或收藏家手上见到了。长期从事翡翠贸易的摩太先生认为，从20世纪80年代至今，高档翡翠的价格上涨了1 000倍，现实的翡翠交易中也有切身的感受。20世纪80年代几乎是一年一次行情变化，90年代是三个月一次行情变化，而翡翠市场发展到今天，市场行情可以用日新月异来形容。任何一个对翡翠市场有所关注的人都不会怀疑翡翠的保值增值功能。但值得注意的是，如果投资保值，一定要购买中高档的翡翠，从颜色的好坏、种质的优劣、尺寸的大小、工艺的优劣等几个方面全面评价。

七、从玩赏文化中提炼“卖点”

在中国人的心目中，玉是有生命和灵性的。不然的话，我们的乾隆爷、慈禧太后及历代王公贵族为什么如此痴情于玉呢？不同的时间、不同的地点、从不同的角度观察，玉都会有变化，这种变化是灵性的表现。

按照中国人对玉的理解，在所有的首饰材料中，玉与人最亲近。金钱是钱，钻石是价，而玉是生命。将玉握在手中，轻轻地抚摸，就像抚摸自己的肌肤，温润而光滑，仿佛玉是活的，有体温有心跳，有温润的水分，有含蓄的思想。佩戴着一块玉，也常常被称为在养玉。在你的体温和汗水的滋润下，玉不会辜负你丝丝缕缕的滋养，一点点地滋润起来，绿色仿佛如鲜活的生命在不断地变鲜艳。

所以说，玉文化是中华民族一种特殊的文化心理，形成一种潜意识，达到一种心理极致，是我国独有的一种文化现象。作为中国人，拥有一块玉或一件玉饰、一件玉雕作品，是精神上、心理上的最大满足。爱玉、赏玉、盘玉、藏玉、佩玉，可以说是人们文化生活中的最高境界、最高层次，不仅陶冶了情操，也领略了玉的含蓄、温雅、灵秀以及君子之风。翡翠所表达的不仅是护佑平安和吉祥如意，更重要的是传达这样一种信息，即君子佩玉和随“玉”而安，这就是玉之精华。如果让广大的消费者都认识了中国的玉文化，翡翠必定有更为广阔的市场。

第三章　翡翠的设计艺术

西方人用钻石代表永恒，东方人用翡翠作为精神的寄托和传承中国所特有的玉文化。大致从唐代开始，我国的玉器设计便讲究“图必有意、意必吉祥”。像“五福临门”、“福禄寿禧”、“步步高升”、“大展宏图”、“花开富贵”、“万象更新”等中华文字的经典用语，皆可由能工巧匠通过将翡翠雕琢成各种图案来表达。翡翠不仅可以用于装饰，显示美丽和富贵，而且还可以用来制成各种神像作为护身符，更可以做成各种工艺品用于镇宅、辟邪、欣赏及收藏，这是玉雕大师在中国传统玉文化基础上赋予每块玉的独特含义。雕琢大师在拿到一块翡翠原石后，首先要考虑的问题是：这块石头适合做什么？如何才能最大限度地体现翡翠的美？如何利用才能体现这块翡翠的最大价值？这是翡翠的设计艺术问题。这里，我们先探讨一下翡翠的设计艺术与设计原则，然后系统分析一下翡翠饰品的各种题材及表现手法。

第一节　翡翠制品的设计原则

在宝石加工工艺学中，我们已经接触了宝石设计的原则，在翡翠设计中，它仍然是适用的。即翡翠设计要最大限度地发挥翡翠的优势，消除或回避其材料的缺陷，以最大限度地体现其价值。所谓发挥翡翠的优势，无非是要最大限度地展现翡翠的美，包括颜色美、造型美、材质美和工艺美；消除或回避翡翠原料中的缺陷如杂质或裂纹，将翡翠最美的一面展示给消费者。这里，我们暂且不谈如何体现翡翠的材质美和工艺美，仅结合其他两个问题谈谈翡翠的设计艺术。

一、翡翠的颜色与设计

谈到翡翠的颜色，我们首先会想到翡翠的娇艳欲滴的绿色。的确，世界上任何宝石的绿都没有翡翠之绿那样艳丽、丰富，给人以生命的活力，它生机盎然充满春天的气息，它娇艳欲滴是生命的象征，它千变万化充满诗情画意。殊不知，翡翠有多种颜色，几乎所有的色调、色彩都可能出现在翡翠中。一般的消费者仅关注原生的绿色和紫色及次生的红（褐红、黄、黄红）色，而雕琢大师们几乎关注所有的颜色。

消费者喜欢的颜色是绿色、红色和紫色。绿色是生命之色，红色是喜庆之色，而紫色是祥瑞之色。消费者对绿色和红色的偏爱较好理解，而紫色为祥瑞之色则有一番来历。汉朝人刘向在《列仙传》中写道：“老子西游，关令尹喜望见有紫气浮关，而老子果乘青牛而过也。”“紫气东来”这句成语就出典于此。顾名思义，“紫气东来”就是紫气自东而来，比喻祥瑞降临。正是由于它的美好含义，所以在中国民间，当每年的春节来临之际，家家户户都喜欢把它作为春联的横批。

从事翡翠行业的人可以说都是“惜色如命”。在设计时，翡翠设计师总是选择合适的题材将翡翠最好的颜色展示出来，它不仅是翡翠颜色美的展示，更是翡翠的价值体现。图3-1是一块玻璃种翡翠原料雕琢而成的布袋佛，仅边缘有一点颜色，为了留住这点颜色，设计师巧妙地将其设计成一个布袋，有了这点颜色，作品的身价就会大增。

图3-1 布袋佛

如果多种颜色出现在同一块料上，那是十分难得的，尤其是红、绿、紫三种颜色出现在同一块料上，行业内有专门的名称。如红、绿、白三种颜色组合叫三彩；红、绿、紫三种颜色组合叫福禄寿，如果再加上白色叫福禄寿禧。如果单以绿色的多少来论价，那么，带有以上颜色组合的翡翠饰品的价格可能是单一绿色饰品价格的数倍甚至上十倍。图3-2翡翠福禄寿手镯，材料

图3-2 福禄寿翡翠手镯

图3-3 翡翠观音

本身非常普通，但因为有同一块材料上三种颜色而使其身价倍增。

最能反映翡翠设计水平的是翡翠的“俏色”作品。“俏色”也称为“巧色”，顾名思义就是通过独到的设计巧妙地利用翡翠的颜色，匠心独运的设计可以创造出举世无双的作品。图3-3 是一件以紫色为主色调的翡翠送子观音摆件，在以绿色为贵的翡翠评价理念中，材料本身并无特别之处，但由于设计师的巧妙构思，一点点红翡和绿翠都设计得如此巧妙：头顶上的一点绿色设计成发簪，中间的红翡设计成一对玉镯，颜色运用得栩栩如生，仿佛浑然天成。

在中国近代玉雕史上，不乏以独到的设计而创造的举世无双的玉雕作品。素有玉雕“怪杰”之称的前北京玉器厂工艺美术大师王树森老先生是从事“俏色”作品创作的典型代表人物。他的一生创作的作品无数，而最有影响力的当数1989年完成的号称“四大国宝”的翡翠雕件。图3-4所示的“岱岳奇观”便是其中的“俏色”作品。

“岱岳奇观”以东岳泰山的主要景观为题材，雕琢而成的摆件是一块长78cm、宽83cm、厚50cm，重363.8kg的巨大的翡翠。作品中前山突出了泰山十八盘、玉皇顶、云步桥、竹林亭等名胜奇景；后山突出了乱石沟、避尘桥、天柱峰等孤岭沟崖。前后两面构思完美，琢制技艺精绝。翡翠的颜色浑然天成，正面为鲜绿色和白色，背面为暗绿色，右上角有一块红翡。大师巧妙地将其设计成从东侧悬崖上冉冉升起的一轮红日，正面艳阳高照，绿树葱葱，掩映着座座亭台楼阁，间或有走动奔跑的奇珍异兽和翩翩飞舞的仙鹤，它们似乎在迎接那呼唤万物复苏的日出。背面林荫环抱，

图3-4 岱岳奇观

沟壑纵横。这样，巨翠上大面积的宝贵绿色和自然白色，以及悬崖上的褐红色都得到了十分巧妙的安排，自然景观与艺术设计有机地融合在一起，更显示出这座名山的雄伟气魄。

“俏色”艺术常常使一般人认为是废料的翡翠材料变废为宝。图3-5是一小块很不起眼的翡翠材料，一边无色且布满裂纹，一边是不受欢迎的黑色，个头小且有毛病，应该说是一块典型的不成材的料。经过设计师匠心独运的设计，将其做成一个破蛋出壳的企鹅，栩栩如生，一块近于毫无价值的翡翠原料在设计师手中就变成了一件充满生命气息且能吸引人“眼球”的俏色把玩作品。

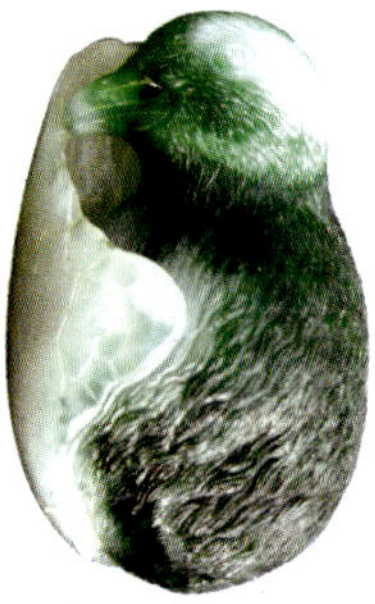

图3-5　企鹅出壳

翡翠的颜色有正色、邪色、深色、浅色之分，在翡翠设计中也有采用适当的方法进行处理，体现翡翠的颜色美，这一问题我们将在第四章中系统介绍。

二、翡翠原石的形状与设计

翡翠的设计讲究“因料施工、因材施艺”，以便使翡翠原料得到最大限度的使用，从而体现出翡翠原料的最大价值。这里，我们仅讨论用做首饰的翡翠原料的设计问题。

翡翠设计师拿到一块翡翠原料后，首先要考虑它适合做什么，怎么做，做多少等。这是由翡翠原料的形状特征、颜色特征决定的（当然还要考虑裂绺的发育情况）。多数情况下，形状、大小适合做手镯的，一定会首先考虑加工成手镯，边角余料再考虑做其他小件产品。满色而又无裂绺的小块原料一定会首先考虑加工成戒面、玉扣等素身的成品，因为这类饰品是不允许有裂绺的。只有那些裂绺发育的材料才用来雕琢花件。当然，对原料的分析一定要仔细，若准备将一块原料加工成手镯，但其中有裂纹而没有被发现，加工的手镯就是废品，造成的经济损失是无法弥补的。

我们在市场上常常会找到椭圆形手镯，也称贵妃镯，实际上这种形状是受原料的限制，在原料的一个方向上，按正常的尺寸加工圆形手镯可能太小，不得不将其设计成椭圆形手镯。所以，在市场上贵妃镯虽然较少，但其价格比同等质量、同等圈口的圆形手镯要低。

天然产出的翡翠常常有很多缺陷（行内称为裂绺），它们的存在可能会影响

(a) (b)

图3-6 观世音佛像摆件

翡翠的造型。而翡翠设计的任务之一就是要通过独到的艺术设计，回避或消除这些缺陷，使翡翠成品的造型完美。图3-6是一尊雕工精致、造型生动的翡翠观音，观音菩萨的头部微微右倾，仿佛失去了传统的佛像正襟危坐的形象，殊不知这正是回避裂绺的绝妙佳作。这块材料在设计之初确实是正襟危坐的观世音形象，但出坯后发现材料内部有一条暗裂，如果按照原来的设计方案雕琢，暗裂正好在观世音的脸上，对整体效果将是一个严重的破坏。为了回避这一缺陷，设计师临时更改设计方案，将观世音的头部稍稍右转，避免了裂纹出现在脸部，然后，将裂纹出露的部位巧妙地设计一发饰将其掩盖起来[图3-6(b)]，一点小小的变化，在外行人看来并无特别之处，却体现了设计大师的创意性思维。

翡翠原料中的缺陷主要是裂纹和杂质、杂色等，当然，杂色可以发挥设计师的想象力，设计“俏色”作品。多数缺陷是要去除或被隐藏起来的，行业内有一种说法叫“挖赃避绺”或“挖赃躲绺”，说的就是处理翡翠缺陷的方法。还有无绺不雕花的说法，是指翡翠雕件中凡是雕花的地方，都可能有缺陷。我们也将在第四章中具体讲述这些问题。

第二节 常见的翡翠饰品题材

自古到今，中国人与玉器结下了不解之缘，翡翠不单是名贵的饰物，更有独特的文化寓意。古代皇帝的玉玺以玉做成，代表了权力、地位，而普通百姓佩戴玉器必定赋予某种心理寄托，蕴含着更多的文化内涵。不仅通过翡翠本身也通过翡翠雕琢的题材来表达这种心理寄托或文化内涵。写文章时，有一句话是“标题善，佳作成一半。”同样道理，一件玉器是否为一件成功的作品，是否体现出翡翠的最大价值，与题材的选择有很大的关系。

一、素身的翡翠饰品题材

所谓素身的翡翠饰品是指翡翠饰品只经过简单的加工而不在其表面进行任何雕琢的一类饰品。这类题材包括：手镯、玉扣、心形坠、戒面等。

1.手镯

手镯是翡翠首饰中最矜贵难求的，是最自然简约的饰物，也是翡翠设计的首选题材，寓意平安。传统智慧认为，戴上玉镯可保平安。传统的翡翠手镯外形是圆形的，镯埂也是圆形的，现代的手镯外形可以是圆形的，也可以是椭圆形的，镯埂一般是扁平形的，这种设计可能与节省用料有关。同时，扁平形手镯的好处也是显而易见的，看起来比圆埂手镯大气，且更加贴近身体，佩戴起来也比较舒适。图3-7中，两支手镯都是色种俱佳的高档翡翠手镯。手镯的用料十分讲究，设计时要尽量回避裂纹和杂质，如果颜色不均匀，还要将最好的颜色放在手镯外侧最显眼的位置。

图3-7 老坑种翡翠手镯

2.玉扣

玉扣是古代玉璧的式样。外观为一圆形，中间有一圆形小孔，有人也称为玉璧或怀古。类似形状的玉器在古代按中孔与外壁尺寸的比例分为玉璧、玉瑗和玉环。《尔雅·释器》云：“肉倍好谓之璧，好倍肉谓之瑗，好肉若一谓之环”。肉，即玉璧之边；好，即玉璧之孔，三者之间的区别现在已经淡化了。玉璧在上古时期的主要功能是作为礼器，是用来祭天的神器。商周时期，玉璧已广泛使用，其形制逐渐规整，表面平整且装饰有各种纹饰，而现代的玉扣一般为素面（即表面不加以任何装饰纹，如图3-8所示），由内孔向外缘截面呈弧形，以弧形自然、饱满为佳。饱满象征富贵，圆形象征无边无际、八方逢圆（缘），是受消费者欢迎的一类题材。

图3-8 翡翠玉扣

3.心形坠

图3-9　翡翠心形坠

桃心又称鸡心，为心形素身佩饰。玉鸡心佩是汉代常见的一种佩饰。所谓鸡心，是指玉佩像心脏的形状。苗岭山区的苗族，有“分鸡心”的习俗。每逢佳节，主人便把客人请到家。吃饭时，家长或同族中最有威望的老人就会把鸡心或鸭心敬给客人。但客人不能独自享用，必须与在座的老人同享，这样说明你大公无私、办事公道，是靠得住的朋友。无疑，用心形玉佩作为礼品，是向对方表白，我们是知心朋友。男女青年互送鸡心，就说明已把“心”交给你了。心形坠讲究外形规整、饱满，对称性好（图3-9），是工艺要求较为严格的一类饰品。

4.蛋面

蛋面是用来镶嵌的弧面形翡翠饰品。蛋面有多种用途，可以镶嵌起来用做各种首饰，图3-10是由若干个椭圆形蛋面镶嵌而成的首饰套装。蛋面的造型也很丰富，常见的有圆形、椭圆形、心形、水滴形、马眼形等，还有马鞍形。蛋面的用料、造型都十分讲究，对颜色也有特别的要求。一般来说，没有明显缺陷且颜色较均匀的小翡翠原料都会设计加工成戒面。戒面也是翡翠饰品价格评估中最难掌握的一类。

图3-10　翡翠套装首饰

二、护身类的翡翠饰品题材

宽泛地说，消费者佩戴翡翠饰品都有辟邪、护身的心理寄托，只要是翡翠首饰都被寄予辟邪、护身的功能。但这里所说的护身类首饰题材是指带有宗教色彩的、被消费者用来做护身符的翡翠饰品。包括十二生肖、观世音、佛像或其他神像。

1.十二生肖

生肖是中华民族特有的一种文化。关于生肖的来历有很多传说，但总的来说是按子、丑、寅、卯、辰、巳、午、未、申、酉、戌、亥十二地支对应地选择了鼠、牛、虎、兔、龙、蛇、马、羊、猴、鸡、狗、猪十二种水陆兽类作十二属相。每年使用一种动物作为相应的属相，某种属相的人佩戴相应属相的玉佩作为自己的护身符。还有些说法认为本命年与当年的太岁星君一致，所以是“犯太岁”，自己冲犯太岁自然不吉利，应该佩戴与自己相冲的属相玉佩来“冲太岁”。十二生肖一般用比较低档的翡翠原料加工而成，如图3-11所示，因为它们适合小孩子佩戴。只有少数生肖如龙、马等可能用用中高档材料加工。

小资料：十二生肖的来历

十二生肖的来历有很多说法，比较通行的说法是：混沌初分，天干地支刚定时，玉皇大帝下令，普召天下动物，要按子、丑、寅、卯、辰、巳、午、未、申、酉、戌、亥十二地支选拔十二个属相。

消息传出后，惊动了花猫和老鼠这两个相好的朋友。花猫对老鼠说：“明日五更去天庭应选，我有个贪睡的毛病，到时你可要喊我一声啊！”老鼠连声道：“好说，好说！”

可是第二天一早，不讲信义的老鼠却偷偷起床不辞而别了。

这天，灵霄宝殿上禽兽云集，开始应选，玉帝按天地之别，单挑了龙、虎、牛、马、羊、猴、鸡、狗、猪、兔、蛇、鼠十二种水陆兽

图3-11　十二生肖——翡翠挂件

类来做十二属相。公鸡当时长着两只美丽的角，也被列入兽类里。

玉帝刚要给它们排一下座次，只见黑猪闪了出来，别看它生得笨嘴拙腮，却专爱惹是生非，它奏道："玉帝既已选好首领，小臣愿替君分忧解愁，当个公证人，为兄弟们依次排位。"玉帝闻言大喜，嘱咐猪要秉公而断，就退朝了。

玉帝一走，十二生肖就闹成了一锅粥。

起初，大家一致推选温和、宽厚的老黄牛居首位，连威武的老虎、苍龙也敬它几分，表示同意。可是，缩在墙角的老鼠却钻了出来，提出抗议。它说："论大数我大，不信咱们到人间比试比试，听听百姓的评论。"于是，老黄牛和老鼠来到街头闹市。

牛在人群中走过时，人们毫无反应。这时，老鼠"哧溜"一下子爬到牛背上打起立桩来，街上的人们纷纷乱嚷："好大的老鼠！"等人们拿出棍棒赶来扑打时，老鼠早已跑远了。

老鼠回来大吹大擂，众动物都替黄牛打抱不平，只有黑猪暗自高兴，它觉得只有这样大小不分，好坏难辨，才能鱼目混珠，自己也从中渔利，于是，它大笔一挥先挑了老鼠，后排了老牛。

这可惹恼了在一旁的老虎和苍龙，它俩大声喧叫起来，震得众动物们发抖。众动物忙向龙和虎朝拜，一致推选老虎为山中之王，苍龙为鱼中之王，统管天下。猴子为老虎写了"王"字金匾，挂在老虎前额上，公鸡把两只角送给了苍龙。从此，苍龙戴上了桂冠。老虎、苍龙有了人间权势，也就甘居老鼠和老黄牛之后了。这时，又跳出一个多事的野兔，它冷笑一声说："嘿嘿！论长相我和老鼠差不多，论个子我比老鼠大，我是山王的护卫，应该排在海王前面。"

苍龙一听大怒，说："你休得胡搅蛮缠，不服气咱就比试比试"。黑猪一听正中下怀，忙说："一言为定，你们就比比赛跑吧，让猎狗来做你们的裁判员。"

狗和鸡素来不和，它见鸡讨好龙，便想借机捉弄它们一下，它选了条荆棘丛生的跑道，暗地里对兔说："你的尾巴太长了，会妨碍比赛的，要忍痛割爱。"它给兔子剪断了一大截尾巴，只剩下一点尾巴根。

比赛开始了，苍龙腾云驾雾，片刻间就飞到了前面去了，可是，当跑到灌木丛中时角就被树藤挂住了，怎么也摘不下来。野兔一蹿十八个垅，一口气跑到了终点。

黑猪不顾众动物的反对，把兔子排在了苍龙之前老虎之后。

狗去给野兔贺喜，它向兔卖好说："要是不选这样的跑道，不帮你割断尾巴，你哪有今天的胜利呀。"野兔正捧着那截粗大的尾巴惋惜，听了狗的话，撇着三瓣嘴说："哼！我是凭本领取胜的，没有你，我还丢不了这条漂亮的尾巴呢！"狗一听，眼都气红了，它说："既然你有本领，那咱们也遛一遭！"野兔傲慢地说："这有什么难，我先跑，你要能追上我，我请你啃骨头。"说着就得意洋洋地跑起来。猎狗磨了磨爪子，箭一样地追了上去。不一会儿，就撵上了野兔，它用嘴咬住野兔的脖子，一边吃一边说："好了，这下该我啃骨头了。"

为这事，狗也受了处分，被排到最后头。

苍龙比赛失败后，经常背地里抱怨那对鸡角挂累了它，公鸡听到了又后悔又伤心，它来到海边对龙说："哥哥，既然这两只角对你毫无益处，那就请你还给我吧。"龙狡猾地说："这双角虽然害了我，但能装饰我的仪表，还你不难，要等太阳出西山，月亮下东海。"说完，便一个猛子扎下海底去了。天真的公鸡信以为真，它每天天不亮就起来，盼望太阳从西山出来，还不时伸长脖子，向大海呼叫："龙哥——哥！角——还——我……"

从此，公鸡失去了两只角，也被排在后头。

只剩下猴、蛇、马、羊、猪的排位没有确定了。猪又别有用心地煽动起来："猴弟是陆上的杂耍大王，蛇弟是水中的泅渡能手，你们谁先谁后呢？"经过一番议论，它们决定再到人间进行一次民间测验，进行杂技表演。青蛇邀了红马，猴子邀了山羊，让它俩帮助做服装道具。

当时，蛇腹下有十二条腿，行走起来又笨又慢。红马是个助人为乐的实干家，它不声不响地用薄皮给蛇做了一身去筒龙衣，龙衣上面用马鬃编了方格花纹，煞是好看。红马又从腹下刮了一层油脂涂在龙衣上，使龙衣非常滑腻。青蛇穿上龙衣，遮住了笨腿，用滑行代替了步行，既灵敏又美观。

山羊平时就讨厌猴子，嫌它整天蹿上跳下，给它踩坏了青草，所以对猴子的帮助不那么热心，猴子想弥补一下光腚的缺陷，向山羊求援道："羊大哥，请你剪给我一点绒毛，让我补补后腚吧。"山羊不高兴地说："天要冷了，你知道我全凭这身宝衣呢！"猴子没办法，只好仍旧光着腚。

比赛那天，青蛇披着龙衣，一会儿在树枝上盘卷如藤，一会儿在水面上滑行如梭。它昂起头颈，只用尾尖着地，表演各种杂技，人们连连喝彩。轮到猴子表演了，只见它攀杠子、荡秋千，也赢来不少喝彩，当表演到"倒挂竹帘"时，猴子用尾尖卷在树枝上，头朝下做起各种惊险动作，忽听有人喊："看啊！猴屁股眼着火了！"人们都大声哄笑起来。猴子向来护短，它脸红心慌，忙用尾巴去遮屁股，只听"扑通"一声，头朝下跌了个满脸花。就这样，青蛇和红马排在了前头，山羊和猴子排在了后头。

给众动物排完座次，黑猪把自己写在最前头，心里说："这回可是我升官发财、名利双收的时候了！”它来到灵霄殿，见了玉帝。玉帝接过座次表，看了一眼，二话没说，就把前面黑猪的名字勾掉，填在最后头。于是，玉帝让太白金星按地支排写成：子鼠、丑牛、寅虎、卯兔、辰龙、巳蛇、午马、未羊、申猴、酉鸡、戌狗、亥猪十二生辰表，并降下一道谕旨，令值日功曹到人间发布。

排选已定，玉帝怒气未消，又给黑猪批几句话：无用蠢材，颠倒黑白。罚去吃糠，一年一宰。黑猪被贬，一下子气了个大肚子。它终日躺在茅窝里，再也懒得管闲事了。可是，有时仍然心里发痒，按捺不住，用嘴巴拱这拱那，拨弄是非。

老鼠回到家里，高兴地捋着三根半胡须跳起舞来，把熟睡的花猫惊醒了。花猫问：“还不到时候吗？”老鼠说：“早过了，咱还争了第一呢！”鼠向花猫绘声绘色地吹嘘起自己的乖巧。花猫恼悔地说：“我再三跟你说过，你怎么不叫我一声呢？”老鼠却抢白花猫说：“你自己没长耳朵？我叫你去，你还兴抢了我的位置呢！”猫一听，气得长须倒竖，杏眼圆睁，它张开锋利的爪子，一个箭步扑上去，把老鼠吃掉了。从此，猫和老鼠就成了世代冤家。

2.观世音

相传“观世音”是佛教的菩萨名字。从字面解释就是“观察世间(民众的)声音”的菩萨，是四大菩萨之一。后汉明帝时期由西域传入中国后，人们一致认为“观世音”是个“救苦救难，送财送子，大慈大悲”的菩萨。传至唐代，因唐太宗李世民的名字中有个“世”字，便将“观世音”去掉“世”字改称“观音”了。传说中的观世音形象有33种，分别为：①、杨柳观音；②、龙头观音；③、持经观音；④、圆光观音；⑤、游戏观音；⑥、白衣观音；⑦、莲卧观音；⑧、泷见观音；⑨、施药观音；⑩、鱼篮观音；⑪、德王观音；⑫、水月观音；⑬、一叶观音；⑭、青颈观音；⑮、威德观音；⑯、延命观音；⑰、众宝观音；⑱、岩户观音；⑲、能静观音；⑳、阿耨观音；㉑、阿摩提观音；㉒、叶衣观音；㉓、琉璃观音；㉔、多罗尊观音；㉕、蛤蜊观音；㉖、六时观音；㉗、普悲观音；㉘、马郎妇观音；㉙、合掌观音；㉚、一如观音；㉛、不二观音；㉜、持莲观音；㉝、洒水观音。其中除白衣、青颈、多罗尊、叶衣、阿摩提五观音外，皆为唐代以后民间流传信奉的观音形象。现代翡翠雕件中常见的有合掌观音、坐莲观音(图3-12)、送子观音等。据称她是一个救世主，她相貌端庄慈祥，经常手持净瓶杨柳，具有无量的智慧和神通，大慈大悲，普救人间灾难。在人们遇到灾难时，只要念其名号，便前往救度，所以，观世音的职能就是把人从现实的苦难中解救出来。她可以摒除一切邪恶，成就一切善事，她可以风调雨顺，五谷丰登；降伏外敌，国家安宁；除去疾病，老幼安康；生儿育女，人丁兴旺，所以受到众多信徒的拥戴，用观世音神像做护身符者非常普遍。

图3-12 翡翠坐莲观音

小资料：观世音的身世

据学者们考证，观世音菩萨最初的原形是古印度婆罗门教中的一对孪生小马驹，它神通广大，能使盲人复明，不孕者生子，公牛产奶，朽木开花，象征着慈悲与善，被尊奉为双马童神。佛教创立后，尤其是大乘佛教兴起后，神马驹逐渐成为一位慈眉善目的菩萨，称为“马头观世音”，密宗至今仍供奉马头观音，又叫马头明王。造型愤怒威猛，头有四面，分别为菩萨面、大嗔怒黑色面、大笑颜面，顶上是碧马头。

不过在汉语系大乘经典中却有着完全不同的几种说法。一是《大悲咒经》说，观世音菩萨“过去无量劫中，已成佛竟，号正法明如来。为欲发起一切菩萨，安乐成熟诸众生故，现作菩萨。”也就是说，观世音菩萨原本是一尊古佛，只是为了更方便地度化众生，示现为菩萨，来此娑婆世界辅佐释迦牟尼佛弘扬佛化。第二种说法见于《悲华经》，说观世音菩萨是西方极乐世界一身补处法身大士，是即将继承阿弥陀佛佛位的大菩萨。他在阿弥陀佛因地之时，做转轮圣王之际，是佛千子中第一太子，名叫不瞬，出家后号观世音。他将在阿弥陀佛入灭后成佛，名为“一切光明功德山王如来”，他的国土叫做“一切珍宝所成就世界”。此外，密宗也有说观世音菩萨是阿弥陀佛的化身的。

3.佛像

佛像是除观世音菩萨之外的另一种具宗教色彩的护身类题材的翡翠饰品。常见的佛像是弥勒佛（布袋佛）、达摩佛祖、释迦牟尼佛、济公活佛等，姿势有立式和坐式两种，以前者居多。其中以笑口常开、大肚能容的弥勒佛最受欢迎，如图3-13所示。

图3-13 翡翠弥勒佛

小资料：弥勒佛的身世

“弥勒”是梵文Maitreya的音译，他的名字叫阿逸多，即“无能胜”。据佛经记载，弥勒出生于古印度，与释迦是同时代人。后来随释迦出家，成为佛弟子，他在释迦入灭之前先行去世。据说释迦曾预言，他离开此世间后，将上生兜率天宫，在那儿与诸天演说佛法，直到释迦佛灭度后五十六亿六千万年时，才从兜率天宫下生，来到人间，广度众生。

作为竖三世佛中的未来佛弥勒佛，本来是一副庄严肃穆的形象。据史料记载，现在看到的弥勒佛形象，是五代后梁时浙江奉化一个叫契此和尚的形象。他性格乐观、诙谐，宽容大度，随遇而安，常持杖和一布袋，随地拾人丢弃的废物，投入袋中，故人们又称他为布袋和尚。人们问他捡拾这些废物干什么？他说：“有时备无时，无用变有用”。人们讥笑他的布袋为“不入流的东西袋”，他说：“我有一布袋，虚空无阻碍，展开遍四方，入时观自在”。他还是一位插秧能手，常应邀为人插秧。插秧每行四株，以退为近，手在前面插，脚往后面退，这样便不会踩坏已插好的秧苗，对此他做了一偈，隐喻佛理。偈云：“手捏青苗种福田，低头便见水中天。六根清净方成稻，退后原来是向前”。梁贞明二年丙子三月，契此无疾坐化。留有四句偈语：“弥勒真弥勒，分身千百亿，时时示世人，世人自不识”。自此，布袋和尚为弥勒化身之说，便广为流传。于是后人认为他是弥勒转世，为他建塔供养。

4.其他神像

包括福星、禄星、寿星、关公、钟魁等。

三、寓意吉祥的翡翠饰品题材

花件的形态千变万化，题材广及天地万物，以不同的题材表达不同的含义。传统的玉器雕刻大多是花鸟鱼兽、山水、人物。在对玉器命名时，将一些花草树木、神话传说中的人物、动物进行组合，通过谐音表达美好的寄托、祝福和善良的愿望。这是中华民族几千年文化的沉淀、筛选和精炼出的美好传说、典故，为玉器的雕琢提供了丰富的题材。如用松、柏、石、桃、龟等表示长寿；用蝙蝠、佛手等表示多福；用喜鹊、蜘蛛表示喜事；用龙、凤、麒麟象征祥瑞；牡丹象征富贵；灵芝象征如意；枣和栗子寓意早生贵子；戟、馨谐音吉庆，寓意吉祥幸运；灵芝与蓝花组合称为君子之交……。总之，翡翠花件可选用图案、文字、谐音、喻意等各种方式表达自己的愿望、追求、寄托、希望和向往。下面介绍一些常见的题材。

1.福至心灵

蝙蝠、寿桃、灵芝。桃为寿而其形似心，借灵芝之“灵”字，表示幸福的到来会使人变得更加聪明。这种题材的另一种寓意见“福寿如意”（图3-14）。

2.福在眼前

蝙蝠与一枚古钱。古钱是孔方外圆，借“孔”为眼，钱与前同音。亦称“眼前是福”。多用于圆雕动物件及玉牌子（图3-15）。

3.福禄寿禧

有诗云：“福海深深量无边，禄在口中醉如仙，寿达南山不老松，喜在今朝乐淘天。”蝙蝠、鹿、桃和喜字。以蝙蝠之“蝠”寓意幸福之“福”；借“鹿”寓意“禄”；寿桃寓意“寿”，加之以“禧”字，表示对幸福、富有、长寿和喜庆之向往（图3-16）。也有将红、绿、紫、白四种颜色的翡翠饰品称为福禄寿禧。

图3-14　翡翠福寿如意

图3-15　翡翠福在眼前

图3-16　翡翠福禄寿禧

4.五福捧寿

所谓“五福”即指的五种福运。五福：寿、富、贵、安乐、子孙众多。《书·洪范》：“五福：一曰寿，二曰富，三曰康宁，四曰攸好德，五曰考终命”。此图案还可表述为“五福临门”，通常以五只“蝙蝠”围绕一个“寿”字，组成圆形或方形图案。按“蝠”与“福”谐音，其与“寿”字组合，含有“富贵”、“长寿”之寓意（图3-17）。

图3-17　翡翠五福捧寿

5.福寿如意

多以“蝙蝠”、“佛手”、“桃子”及“如意”等构成吉祥图案。亦有以“寿”字代“桃”者，用“灵芝”代“如意”者。“蝠”、“佛”均与“福”字谐音；“桃”亦称“寿桃”，象征长寿，合为图案，寓意为“福寿如意”（图3-18）。

6.福从天降

图案以“蝙蝠”、“祥云”图纹构成，喻福运临门。也有称为“流云百福”（图3-19）。

图3-18　福寿如意

图3-19　福从天降

7.天官赐福

亦称“受天福禄”。旧历正月十五日为上元节，民间传说是天官下降，赐福人间。因此以之用作民间装饰图案。通常由天官和展翅飞翔之蝙蝠构成图纹。借“蝠”寓“福”。亦有天官手持字轴为纹饰者，上书“天官赐福”四字。广泛应用于民间器物绘饰雕塑及年画题材。

8.福禄相连

“鹿”被视为古代之瑞兽，有千年为苍鹿，又五百年为白鹿，复五百年化为玄鹿之说。以“鹿”与“禄”谐音，故寓“官禄”、“俸禄”及“禄位”等。“禄”即古代官吏俸给之意。“鹿”与“蝙蝠”组成图案，组成首尾相连的环形图案，即谓“福禄相连”。其他还有与“寿桃”合为一体者，称为“福禄寿”。

9.福寿三多

如图3-20所示，一只蝙蝠、一个寿桃、一个石榴或莲子。石榴取其子多之意，“莲子”乃连生贵子之意。“福寿三多”即“多子多福多寿”的意思。

10.福寿双全

如图3-21所示，一只蝙蝠、一个寿桃、两枚古钱。这些图案都表示古代人心底希望幸福、富有和长寿之意。若图案为一个寿桃数只蝙蝠，则寓意“多福多寿”。

11.福禄寿

福星、禄星和寿星称为三星，图案为三位老神仙，寓意为“三星高照”。象征着幸福、富有和长寿。如图3-22所示，图案为一个老寿星、一只鹿、一只蝙蝠的，亦称之为福禄寿。福禄寿的图案还可由一个葫芦和一个动物组成，“葫芦”谐音“福禄”，动物是兽，谐音“寿”，合称“福禄寿”。

图3-20 福寿三多

图3-21 福寿双全

图3-22 福禄寿

12.福禄寿禧

图案为蝙蝠、鹿、桃和喜字。以前人们常以蝙蝠之“蝠”寓以幸福之“福”；借“鹿”、“禄”同音；寿桃寓寿意，加之以“喜”字，表示对幸福、富有、长寿和喜庆的向往。

13.寿比南山

山水松树或海水青山。意为“福如东海长流水，寿比南山不老松”，此语常见于对联。这一图案亦称“寿山福海”。

14.鹤寿延年

唐代王建人诗云：“桃花百叶不成春，鹤寿千年也未神”。松为不畏严寒、四季常青之树，仙鹤传为千岁之禽，常翩跹起舞以遐龄。“松”、“鹤”均为长寿永年之物，合为一体，寓意吉祥长寿，则顺理成章，亦称“松鹤同春”、“松鹤长春”、“鹤寿松龄”，画面以青松、仙鹤构成。松树长青不老，恒苍劲挺秀而延年，如图3-23所示。

图3-23　鹤寿延年

图3-24　如意结

图3-25　合欢

图3-26　马上封侯

15.鹤鹿回春

鹤鹿与松树。古人称鹿为“仙兽”，神话故事中有寿星骑梅花鹿；“鹿”与“禄”、“陆”同音，“鹤”与“合”谐音，故有“六合”同春之意（六合指天地和东西南北），亦有富贵长寿之意。

16.如意结

如意结是中国传统结艺在翡翠饰品中的运用。有六结或八结之分，以“结”谐“吉”，取其无穷无尽、生生不息、万事吉祥之意，如图3-24所示。

17.二龙戏珠

两条云龙、一颗火珠。龙珠被认为是一种宝珠，可避水火。有二龙戏珠也有“群龙戏珠”、“云龙捧寿”的说法，都是表示吉祥安泰和祝颂平安与长寿之意。

18.喜上眉梢

梅花枝头站立两只喜鹊。古人以为鹊能报喜，故称喜鹊，两只喜鹊即双喜之意。“梅”与“眉”同音，借喜鹊登在梅花枝头，寓意“喜上眉梢”、“双喜临门”、“喜报春先”。若图案为一喜鹊一豹子，则称为“报喜图”。图案为一蜘蛛网上吊着一只蜘蛛者，称之为“喜从天降”，因我国民间习俗称蜘蛛为“蛛”。若图案为一只獾和一只喜鹊，称之为“欢天喜地”。

19.欢喜图

两獾相嬉，叫“欢喜图”或“合欢”（图3-25）。

20.马上封侯

一匹马上有一蜂一猴。以马上封（蜂）侯（猴）寓比立即升腾的愿望、图案为一大猴背一小猴者，称为“代代封侯”；一枫树一印一猴或一峰一猴抱印者，称为“挂印封侯”（图3-26）。

21.喜报三元

喜鹊三、桂元三或元宝三。古代科举制度的乡试、会试、殿试之第一名分别为解元、会元、状元，合称“三元”。明代科举以廷试之前三名为“三元”，即状元、榜眼、探花。“三元”是古代文人梦寐以求、升腾发达的阶梯，喜鹊是报喜之吉鸟，以三桂元或三元宝寓意“三元”，是表示一种希望和向往升腾的图案。此外还有“三元及第”、“连中三元”。

22.富甲一方

如图3-27所示，图案为一豆夹，豆被称为“富贵豆”，代表“富甲一方”之意，豆夹中三粒豆米也可称为“连中三元”。

23.长命富贵

雄鸡引颈长鸣、牡丹花一枝。雄鸡长鸣之“长鸣”谐音“长命”，牡丹乃富贵之花，喻富贵。还有长命百岁之图案，雄鸡引颈长鸣，旁有禾穗若干。

24.教子成名

一雄鸡引颈长鸣，旁有五只小鸡。以雄鸡教诲小鸡（子）鸣（名）叫，寓意“教子成名”，表示殷切期望子孙取得成功之业绩。

25.岁岁平安

穗、瓶、鹌鹑。以“岁岁（穗）平（瓶）安（鹌）”之谐音借意表示人们祝愿平安吉祥的良好愿望。

26.平安如意

瓶、鹌鹑、如意。以瓶寓“平”，以鹌鹑寓“安”，加一如意，而称“平安如意”。

图3-27　连中三元

27.年年有余

两行鲇鱼。“鲇”与“年”、“鱼”与“余”同音，表示年年有节余，生活富余。图案为两条鲇鱼首尾相连者、童子持莲抱鲇鱼者、莲叶和鱼组合在一起者，均称“连年有余”（图3-28）。图案为一磬一鱼或一磬双鱼，一童子击磬一童子持鱼者，皆称“吉庆有余”。一妇人手提鱼者，称之为“富贵有余”。

图3-28　年年有余

28.一路平安

鹭鸶、瓶、鹌鹑。以鹭鸶寓“路”，瓶寓“平”、鹌鹑寓“安”，祝愿旅途安顺之意。

29.事事如意

柿子、如意。“柿”与“事”同音，加之如意，寓意“事事如意”或“百事如意”、“万事如意”。有雕件，亦有玉牌子和器皿图案。

30.龙凤呈祥

一龙一凤。龙是中华民族的图腾，有关龙的传说很多，凤也是人们心中的祥瑞之鸟，哪里出现龙，哪里便有凤，就会天下太平，所以龙凤组合是祥瑞的象征（图3-29）。

图3-29　龙凤呈祥

31.诸事遂心

几个柿子和桃。几个柿子称为“诸事”，桃其形如心，表示诸多事情都称心如意。

32.岁寒三友

松、竹、梅或梅、竹、石。松，竹，清高而有节；梅，不惧风雪严寒。松、竹、梅被人们称之为岁寒三友，乃是寓意做人要有品德、志节。梅花与喜鹊的组合称为喜上梅（眉）梢（图3-30）。竹节意为节节高、步步高升（图3-31）；竹笋（图3-32）更有蒸蒸日上、如日中天的含义。

图3-30　喜上眉梢

图3-31　节节高

图3-32　如日中天

33.八仙过海

八个仙人手持宝器，下有大海波涛。古代神话传说中的八仙，即铁拐李、汉钟离、张果老、何仙姑、吕洞宾、蓝采和、韩湘子、曹国舅。“八仙庆寿”、“八仙过海”的故事流传最广，据说，八仙在庆贺王母娘娘寿辰归途中跨过东海，各用自己的法宝护身，竞相过海，各显神通。

34.群仙祝寿

众多仙人各持礼物。传说三月三日王母娘娘寿诞之日，各路神仙来祝贺，以此取其吉祥喜庆之意。

35.平升三级

瓶上插有三戟。“瓶”与“平”、“戟”与“级”同音，“平升三级”乃表示官运亨通，祝愿连升三级之意。

36.四海升平

四个娃娃抬起一瓶。四个小孩（海）抬起一瓶（平），表示四海升平，表达人民厌恶战乱、热爱和平之善民愿望。

37.官上加官

雄鸡的鸡冠上再加上鸡冠花，“冠”与“官”同音，意为接连升官。

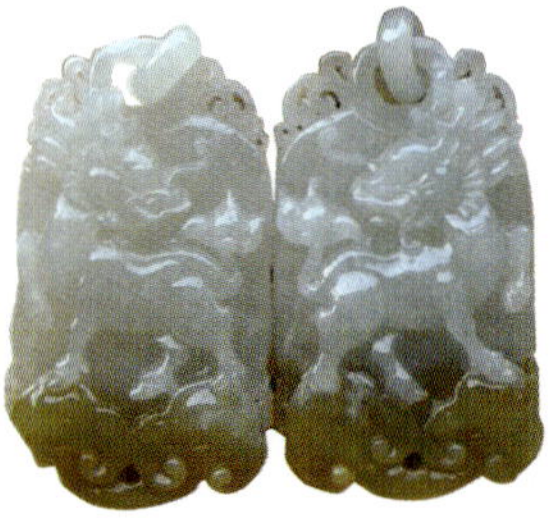

图3-33　麒麟图

38.麒麟图

麒麟是古代传说中的动物，古称之为“仁兽”，头上一角，狮面、牛身，尾带鳞片，脚下生火，其状如鹿（图3-33所示），多作吉祥的象征。因麒麟是瑞兽，又借喻杰出之人，麒麟送子、麒吐玉书皆有杰出人才降生的寓意。

图3-34　兰花

图3-35　如意

39.玉堂富贵

玉兰花、海棠花、牡丹花等三种花的组合，取玉兰花的“玉”字、海棠花的“棠”与“堂”同音、再加上牡丹花的富贵之意，寓意为“玉堂富贵”。

在翡翠首饰的设计中，为“图必有意、意必吉祥”而设计的图案或题材有很多，以上的组合只是其中的代表。其他翡翠题材见图3-34至图3-46。从中我们也可以看出，这些题材的选择及表达的含义都是在传承中华民族吉祥文化的基础上发展起来的，对于玉文化的传承具有重要意义。但这种千篇一律的繁杂的雕工除了保持风格永存之外，

图3-36　寿桃

图3-38　福寿(佛手)

图3-37　事业有成

图3-40　仙猴献寿

图3-41　生意兴隆

图3-39　福禄寿

图3-42　翡翠白菜(百财)

没有丝毫的创新，这是现代翡翠首饰设计的不足。翡翠艺术要保持旺盛的生命力，必须从设计上加以创新，造型应简单而古朴，注意传统与现代艺术的结合，展现独特的个性与时代的潮流，这是当代首饰设计发展的趋势。翡翠首饰的设计如果不与现代首饰发展潮流结合起来，就会落后于时尚，翡翠首饰就会失去其旺盛的生命力。

图3-43　鹏程万里

图3-44　欢乐人生

图3-45　独占鳌头

图3-46　百年好合

第四章 翡翠的质量与价格评价

作为中国8000年玉文化的传承者，翡翠被赋予了太多的文化内涵。我们在翡翠交易中常常会听到一种说法叫做“黄金有价玉无价”。所谓玉无价，一方面是指不同的人对玉所代表的文化内涵理解不同而认同的价格不一样，另一方面，可能是指翡翠的价格评估太困难，没有一个准确的评价标准，以致同一件翡翠饰品在不同的人的眼中会有不同的价格。

翡翠价格评估困难的原因主要是评估要素太复杂。我们知道，钻石的价格评估有一个“4C”标准，因为有了这个标准且这个标准得到行内的公认才使钻石的价格评估变得相对简单。但是这个标准是仅对无色-浅黄色钻石的价格评估有效，对于彩色钻石它仍然是无效的。而翡翠的评价要素更多且每个要素都是复杂多变的，这就增加了翡翠的质量与价格评估的难度。

早在20世纪70年代，美国宝石学院就宣布要制定翡翠的评价标准，但是到现在也没有结果。国内的研究者们也对翡翠的评价提出过许多方法，比较有代表性的是欧阳秋眉女士在1992年出版的《翡翠鉴赏》一书中提出的“4C2T1V”评价原则。按照这一观点，翡翠评价的要素达到7个，且每个要素又包括很多变化，将这些要素和每一个要素的变化组合起来，使翡翠的质量评价更加复杂，更难把握其与价格的对应关系，在翡翠商贸中没有适用性。基于此，我们在这里谈翡翠的质量与价格的评估时，将颜色、质地、种份、裂绺、形状、大小和工艺7个评价要素分开，单独评价每一个要素的质量与价格的对应关系。

第一节 翡翠的颜色与价格评价

前已论及，翡翠有多种颜色，如绿、红、紫罗兰、白、黄、蓝、灰、黑等，民间有

“三十六水、七十二豆、一百零八蓝”之说，即言翡翠的颜色变化多端。

在翡翠商贸中最关心的是翡翠的绿色。因为绿色的变化最大，对翡翠价格的影响也最大。优质翡翠的颜色要达到“正、浓、阳、匀”的要求。所谓“正”，是指翡翠颜色的色彩（色调）要纯正，即为纯正的绿色，若掺杂有其他色调则称为“偏色”或“邪色”如黄色、蓝色、褐色；所谓“浓”，是指翡翠颜色的饱和度，即颜色的深浅浓淡；所谓“阳”是指颜色的鲜艳程度，若颜色鲜艳则称为阳；所谓“匀”是指颜色的均匀程度。必须强调的是，翡翠颜色“浓”与“阳”的程度与翡翠的透明度和饰品的厚度有关，所以，我们在这里所谈的翡翠颜色是指在不考虑翡翠的透明度和厚度的情况下，并且在自然光下观察到的翡翠的颜色。

实际上，翡翠的绿色受蓝色、黄色、褐色和灰黑四种色调的影响。根据袁心强教授的观点（2004），褐色和灰黑色对翡翠颜色产生的影响效果是一样的，可以看成一个因素。翡翠的偏色、邪色是这些颜色在绿色上迭加的结果。迭加在绿色上的色调和浓度不同就产生了不同的颜色类型。

翠绿色：纯正的绿色到稍微带蓝色调的绿色，包括传统上说的帝王绿、祖母绿、玻璃绿、艳绿等。

阳绿色：稍带黄色调的绿色，这种绿色非常明快和悦目，包括传统上说的鹦哥毛绿、黄阳绿、葱心绿、秧苗绿等。

豆青绿：稍微偏蓝色的绿，如豌豆的青绿色，绿色较浓，也是一种悦目的绿色。

瓜青绿：明显偏蓝的绿色，不仅偏蓝色调，同时还带有灰色调。

菠菜绿：明显偏蓝色基础上带有灰褐色调，如同菠菜叶的绿色。

油青：颜色呈灰绿色、灰蓝绿色、灰褐绿色。按绿色成分的多少还可细分为油青和蓝水。

此外，翡翠的颜色还有其他称谓，如点点绿、疙瘩绿、丝丝绿、靠皮绿、地张绿等，这是根据颜色的形状及分布特征命名的。不同的绿色色调及类型见图4-1。

各种绿色的价格高低大致如图4-2所示。从图中可以看出，在各种色调的绿色翡翠中，正阳绿色翡翠的价格最高，偏黄或偏蓝的翡翠价格会随偏色程度的加重而降低。需要说明的是，这个示意图只是表示含不同色调的绿色翡翠之间价格的相对高低关系，每一级之间的价格倍率也不是绝对的。除此之外，翡翠颜色评价的要素还包括色浓度、色饱和度等，这就使翡翠的颜色与价格的评价变得更加复杂，且颜色还与环境和人的辨认能力有关。翡翠的色浓度要恰到好处，色浓

菠菜绿　葱心绿　翠绿

豆青绿　疙瘩绿　黄阳绿

靠皮绿　墨绿　艳绿　秧苗绿

图4-1　绿色翡翠的色调

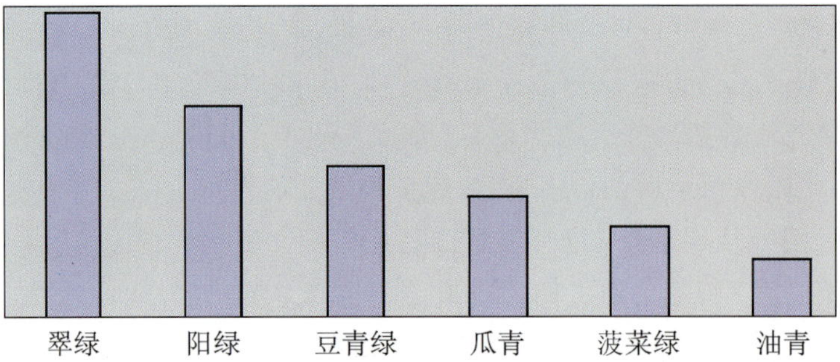

图4-2　不同色调翡翠价格的相对关系

度过高或过低均会降低翡翠的价值。如果我们将翡翠颜色的色浓度分为墨绿、深绿、浓绿、浊绿、淡绿等几种类型，那么它们之间的价格高低关系大致如图4-3所示。翡翠颜色的色调、色浓度、色饱和度的变化及与价格的关系很难用文字描述清楚，我们将在实践中加以体验。

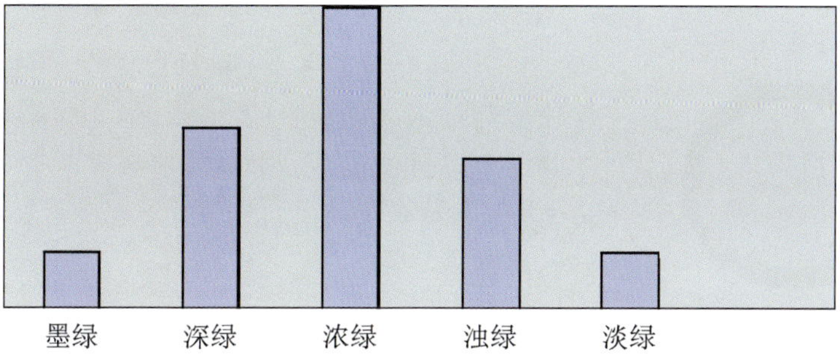

图4-3 不同色浓度翡翠价格的相对关系

颜色评价的另一个因素就是翡翠颜色的均匀程度，我们可以用目测的方法来确定颜色是否均匀。对于颜色不均匀的翡翠，要评估绿色在整个饰品中的比例，在价格评估中就要给予一定的折扣。但是，并不是说在其他特征都相同的情况下满绿和半绿之间的价格关系就是2：1，它们之间的关系可能是平方的关系。

在翡翠饰品颜色不均匀的情况下，颜色的位置也要考虑。并非所有部位的绿色都会提高翡翠的价值，如一件翡翠观音的颜色在脸部，且一边有色而另一边无色，观音的面容成了"阴阳脸"，这时的绿色对价格构成了负面影响，会降低翡翠的价值。这个问题将在第六章中详细讲述。

以上简单地介绍了单一绿色的翡翠与价格之间的相对关系。除绿色外，还有两种色调会对翡翠的价格造成正面影响——红色（图4-4）和紫色（图4-5）。这两种颜色在20世纪90年代以前是不受重视的，稍带红、紫色调的翡翠饰品几乎与无色翡翠的价格无差别，只是随着近年来翡翠资源不断减少，红色、紫色翡翠的价格也随之不断上扬，但在价格评价上还没有一个大家都公认的标准。如果绿色与红色（常与白色一起构成"三彩"）、绿色与紫色（俗称"春带彩"）或红、绿、紫三种颜

图4-4 红翡佛挂件

图4-5 紫色翡翠葫芦

图4-6 地张差的翡翠手镯

色（俗称“福禄寿”，若加上白色就称为“福禄寿禧”）出现在同一块材料或饰品上（见第二章插图），其价格要在绿色多少的基础上高出很多，特别是后者（多种颜色的品种），因为它们是更为难得的翡翠品种。

谈及翡翠的颜色，我们还要认识传统上另一个概念——地张，也称为底障，因为它对翡翠的主色调——绿色影响很大（见图4-1之地张绿）。所谓地张是指翡翠除绿色以外的底色。常见的翡翠底色有无色、白色、浅黄色、褐灰色、灰色、浅绿色、淡紫色等各种色调。当底色的色调与绿色相近或一致时，翡翠的绿色会在底色的衬托下显得更加漂亮，更加有生机，无疑会使翡翠的价格倍增；相反，底色不好，会使翡翠的价格大打折扣。地张由好到差的顺序依次是：浅绿、灰绿色、无色、白色、浅紫色、浅黄色、灰色、褐灰色、褐黄色。另外，底色与体色的色调、底色的浓度、底色在翡翠成品上所占的比例都会对翡翠的价格造成影响。底色的色调与体色越接近越好，如浅绿色的底色会使整个翡翠的绿色得到加强；底色的色调越浅越好，如果地张色太深，反差太大，就会影响翡翠饰品的外观效果，继而影响其价格。如图4-6的手镯，底色中充满了次生的褐黄色，我们就称之为地张不好，再好的绿色也不会有较高的价值。底色的比例，特别是反差大的地张色在翡翠中所占的比例应越小越好。

第二节 翡翠的质地与价格评价

这里所说的质地与传统的“地子”较为接近。质地是指翡翠的结构与透明度的组合。透明度是指物体通过可见光的能力，翡翠的透明度习惯上称为水头。水头实际上是评价翡翠原料的一个专门术语，也常常被借用来评价翡翠成品。翡翠的透明度变化很大，可以从透明到不透明。透明度越高则水头越长，反之则水头短。在评价翡翠原料的水头时，通常以光渗透入翡翠的深度来评价水头的长短，这显然是不科学的，因为光有强弱之分，不同强度的光照条件下翡翠表现出的水头是不一样的。但长期沿用已成惯例，一般以光渗透入3mm为1分水，相

应地，渗透入30mm即为10分水。在评价成品时只能是根据经验判断水头的长与短，所以，水头的长短在实战中是一个争议很大的问题。

翡翠的结构一般根据肉眼观察所能看到的结晶颗粒的大小把翡翠结晶颗粒的粒度划分为粗粒、中粒、细粒和微粒4种类型。矿物颗粒大于2mm为粗粒，1~2mm为中粒，0.2~1mm为细粒，0.2mm为微粒。中、粗颗粒肉眼可见，结晶颗粒越小则质地越细腻。

结合翡翠的透明度和结晶颗粒大小情况，我们可以将翡翠的质地分为：玻璃地、冰地、化地、冬瓜地、水粉地、水豆地、粉地、豆地、瓷地、石地（干豆地）等，不同质地类型翡翠的结构与透明度如图4-7所示。

玻璃地：透明度很高，质地细腻、均匀，无杂质，如同玻璃。

冰地：透明度也很高，质地细腻、均匀，但其透明度总有云雾感，有时可见不明显的杂质。

化地：亚透明，质地细腻、均匀，其透明度比冰地差，云雾感更重，但如果较薄则很像冰地可见不明显的杂质。传统上所说的蛋清地、鼻涕地就是指此类地子。

冬瓜地：亚透明-半透明，可见结晶颗粒，外观上如同煮熟的冬瓜。

水粉地：半透明，质地细腻，肉眼不可见结晶颗粒，仅透明度比化地差。

豆地　粉地　化地　水豆地　水粉地

图4-7　翡翠的质地

水豆地：半透明，质地较细腻，肉眼可见结晶颗粒，但颗粒的界限较模糊。传统上说的稀饭地就是此类。

粉地：半透明，质地细腻，透明度比水粉地稍差。

豆地：半透明-不透明，肉眼可见到明显的结晶颗粒。

瓷地：也称马牙地，微透明-不透明，质地较细腻，肉眼看不到结晶颗粒，透明度不好，外观如瓷器。

石地：是翡翠中最差的地子，不透明，结晶颗粒粗，结构也较松散。

质地与传统的地子不同的是，地子的含义更广。传统所说的地子可能还包括了石性和前面所讲的地张。石性是指翡翠中的棉、石花和纹理等，石性的问题，我们在翡翠的裂绺对价格的影响中进一步探讨。不同质地翡翠的相对价格关系如图4-8所示。

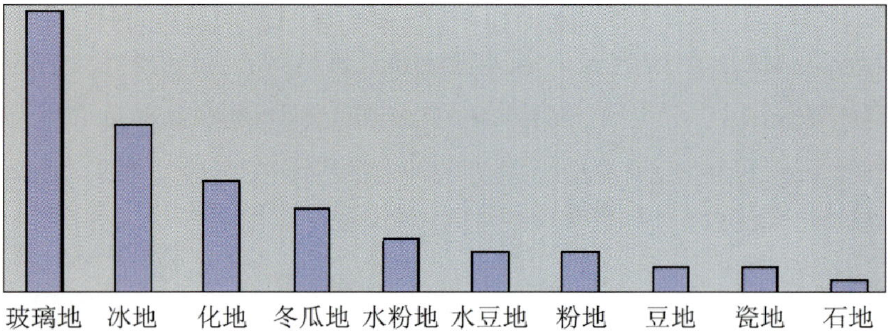

图4-8 不同质地翡翠价格的相对关系

在翡翠的透明度和颜色的关系中，还有一个值得我们关注的名词——照映，照映是指在颜色不均匀的翡翠中，局部的颜色因光线的传播而“扩散”到绿色色斑以外的部位的现象。照映对颜色的影响与亭部具有色斑的透明宝石通过全反射使整个宝石颜色看起来较均匀的作用相似。不同的是，透明宝石是通过亭部刻面对进入宝石内部光线的全反射而实现这一效应的，而翡翠则是通过光线的漫反射来达到这一效果。照映对半透明的翡翠尤为重要，它会将翡翠中色斑的绿色带到无色或浅色的区域，使翡翠的色斑扩大，改善颜色不均匀翡翠的视觉效果。例如，一粒半透明的翡翠戒面中有一绿色色斑，其实颜色是不均匀的，但外观上看起来整个戒面都是绿色的，这就是照映的作用。而对于透明度好或差的翡翠，照映的作用并不明显。所以，我们在评价这类翡翠时，一定要注意，不要让外观迷惑了眼睛。

第三节　翡翠的种份与价格评价

狭义的种份是指翡翠形成时间的新老，即按翡翠的产状划分翡翠的种类。古河床中的翡翠称为老坑种，原生矿产出的翡翠称为新坑种。识别翡翠种份的新老是从事翡翠商贸的基本功，因为老种与新种的价格相差很大。但这里所说的翡翠的种份，是结合翡翠的成因、产地、颜色、水头而对翡翠品种进行命名，与种类、品种的含义比较近似。翡翠种份的命名历来比较混乱，商业上更难达到统一，但总的来说有如下几种命名方式。

一、根据成因命名

老坑种：即古河床中产出的翡翠，一般来说，它们颜色较好、质地细腻、透明度由透明至半透明，是翡翠中的高档翡翠品种。老坑是相对新坑而言的，采玉人认为河床或其他次生矿床中产出的玉形成的时间更早，因而更老，故称“老坑”。

新坑种：是指原生矿脉中开采出的翡翠，一般来说，品质没有老坑种好。虽然从原生矿脉中也采出各种颜色的翡翠，但采玉人认为新坑中采出的玉不够成熟，或者说没有老坑玉那么老，因而没有高质量的翡翠。实际上，老坑种翡翠经过几千万年的地质作用，能够保存下来的无疑是玉中之精华，大多当然是高质量的翡翠，新坑中同样有高质量的翡翠，只不过没有老坑中那么普遍。现在，一般把那些结构粗、透明度差的从新坑中采出的翡翠称为新坑种。

二、根据颜色、质地的特征命名

玻璃种：根据其透明度命名，不管有无颜色，只要透明度高都可称为玻璃种。如果透明度高且颜色符合“正、浓、阳、匀”条件的，则称为老坑玻璃种。

芙蓉种：根据颜色和质地命名，指透明度为亚透明-亚半透明，结晶程度似可见到又似见不到结晶颗粒的所有翡翠种类。从水头上说，芙蓉种包含了冰地、化地、水粉地甚至一些水豆地的翡翠。从颜色上说，一般为中-浅绿色。如果中间出现不规则的绿色色带时，又可称为花青芙蓉种，透明度较好的品种也可称为冰地芙蓉种。

豆种：根据其结构命名，不论颜色如何，只要能看到结晶颗粒的都可称为豆种。进一步可分水豆、糖豆、粗豆、细豆等品种，结晶颗粒粗且地张带杂色者称为猫豆种。

以上三个品种主要是根据翡翠的质地而较少考虑颜色对翡翠进行的一个粗略的种的划分。如果考虑颜色的变化和特征，还可分为如下品种：

金丝种：是按颜色的分布特征命名。颜色呈丝带状、大致平等排列的翡翠。金丝种的质地一般可从冰地到冬瓜地。

花青种：也是按颜色的分布特征命名。与金丝种相反，花青种指的是绿色分布非常不规则的翡翠品种，颜色呈花布状、丝状，排列没有规律，其底色可能为淡绿色或其他颜色，质地可粗可细，它不规则的颜色，有时分布较密集，也可能较疏落，可深也可浅，这类翡翠因此统称为花青种。质地可以从冰地到豆地，故有冰地花青、化地花青、豆地花青之分，是翡翠中最常见的品种。

瓜青种：以颜色特征命名。颜色偏蓝、呈瓜皮绿的翡翠。质地通常为化地、豆地或水豆地。

豆青种：以质地和颜色命名。具粒状结构，颜色为豆青色且分布较均匀的翡翠，是绿色翡翠中常见的品种。

油青种：按颜色特征命名。颜色为灰蓝或带褐黄色调的绿色，沉闷而不明快，但透明度较好，质地细腻。

干青种：以质地和颜色命名。颜色深绿，但透明度很差，即很干，结构细粒到粗粒。

白底青种：以颜色和地子命名。地子干且白，质地细腻但不透明，颜色鲜艳，呈翠绿至黄杨绿色，团块状分布在白色的地子上。

漂蓝花：以颜色特征命名。亚透明-亚半透明，分布有彩带状的灰蓝色、灰绿色的丝或形状不规则的色斑。

马牙种：以翡翠的地子特征命名。质地像瓷一样细腻，不透明，颜色绿艳，在绿色中往往有很细的白丝。

三、根据产地、时间、成分命名

磨西西：是以产地命名。颜色深，不透明，多细裂纹。

八三玉：以翡翠发现的时间命名。是1983年发现并大量开采的新种翡翠。灰白色带不均匀淡绿色，成分含钠长石较多，粒状结构为主，质地粗且疏松，是制作B货的理想材料。

铁龙生：以成分命名。也是新近出现的一种翡翠，为新山料。这种翡翠含铁较多，成分以辉石为主，粒状结构，颜色深，水头差。

不同种份的翡翠如图4-9所示。

图4-9　翡翠的种质

按种份来评价翡翠是商业上最常见的，但也是最复杂的。这一评价过程是要将两个变化无常的评价要素——颜色和质地综合起来考虑翡翠的价格。有经验的翡翠商人会将两者结合起来考虑并结合自己对行情的掌握，很快地对价格做出判断。但作为初学者，我们还是要将两个要素单独进行评价，再考虑其价格。

第四节 翡翠的裂绺与价格评价

翡翠的裂绺是指影响到翡翠外观或完美程度的裂纹和杂质。多数裂绺是翡翠中的消极因素，由于它们的存在影响到翡翠成品的完美程度，因此，也会对翡翠的价格造成重大影响。当然，有些缺陷可以在加工过程中进行处理，将其外观对翡翠价格的影响降低到最小程度，甚至对缺陷的利用将消极因素转化为积极因素(如将杂质用于俏色)。我们在这里只讨论影响翡翠价格的消极因素，对翡翠经营者来说，要培养自己发现这些消极因素的眼力。

一、常见的裂绺类型

(1)翠性(片状闪光)：是翡翠组成矿物的解理面造成的。多数情况下对翡翠的外观影响较小，所以，我们在这里不探讨它对价格的影响。

(2)杂色的色斑：是指除绿色以外的杂色，如黄褐色、黑灰色等，但不能把俏色或多色的组合(如福禄寿)当成杂色。杂色也可按地张对翡翠价格的影响方式处理。

(3)石花：是翡翠中呈团块状的白色絮状物。

(4)黑点、黑丝、黑块：是翡翠中的黑色矿物。

(5)石纹：是翡翠中的一种愈合裂纹，即在构造运动中形成的裂纹，后因热液或重结晶作用使裂纹愈合了。石纹对翡翠的稳定性不会造成影响，但会影响翡翠的外观和质量，特别是有些愈合裂纹中充填了反差较大的杂质，对翡翠的价格会造成较大的影响。

(6)裂纹：是翡翠开采和加工过程中形成的，或是地质作用形成的，由于石种较新尚未愈合的裂纹，会影响翡翠的质量和价格。

裂绺对翡翠价格的影响，一方面要看裂绺的大小、反差、位置，另一方面还要看它对翡翠稳定性是否有影响。显然，翡翠裂绺对不同饰品的影响程度是不一样的，这样一来，我们在评价裂绺与翡翠饰品价格的对应关系时，必须按不同的类型单独描述。

二、裂绺对翡翠饰品价格的影响

1.裂绺对素身翡翠饰品价格的影响

对于素身翡翠饰品（手镯、戒面、玉扣、心形坠等）来说，其中是不能有裂纹的。如果有裂纹，最好不要买，特别是通裂（即在某个方向上从一头延伸到另一头的裂纹）。特殊的情况必须买入时（如统货中的部分饰品），评估价格时至少要在正常市场行情价格的基础上打4折，其他情况的裂纹视开裂程度给予5-8折的价格；反差不明显的石纹至少打8折，反差明显的石纹应视其位置及对外观的影响给予5-7折的价格。如图4-10所示的翡翠手镯，颜色、圈口大小、条子均非常合适，但在右上方有一个小裂纹，那么这支手镯的价格就要在正常行情价的基础上至少应该打7折了。

图4-10　有裂纹的翡翠手镯

如果饰品上有石花、黑点等瑕疵，应视其位置、反差的大小和在整个饰品上所占的比例给予相应的折扣。如果瑕疵出现在背面（如手镯的内圈、蛋面的底部等。玉扣、心形坠除外）且面积小、反差不大，可以忽略不计或给予少量的折扣；如果出现在正面，石花所占的面积比例不应超过总面积的5%，黑点不应超过3%，超过此比例者应回避购买，在此比例范围内的饰品，应给予4～7折的价格折扣。

2.裂绺对翡翠人物、花件价格的影响

俗话说：无绺不雕花。一块翡翠之所以设计成花件，根本原因就是为了“挖脏避绺”。所以，购买翡翠花件时，对雕花的地方一定要仔细观察。凡是有花的地方，下面很可能藏着裂纹。如图4-11所示，一个完美的花件背面的中央为什么要雕刻一道横线？仔细观察就会发现横线下面是一道裂纹。正面的裂纹对饰品外观的影响较大，应视裂纹的明显程

正面　　背面

图4-11　背面有裂纹的翡翠花件

度给予4～7折的价格折扣，侧面的裂纹影响相对较小，但也应给予5～8折的价格折扣。对于石花和黑点，可对照素身饰品的出价方式。有些翡翠花件形状雕得很奇特，甚至整体形状都被破坏，是“挖脏”目的所致，这类情况将在形状对价格的影响中加以介绍。

第五节 翡翠饰品的形状及价格评价

翡翠的价格与其形状有密切的关系，雕琢设计讲究“因料施工，因材施艺”，力求通过设计在翡翠原料的利用率和翡翠成品的美观性两个方面取得平衡，体现出翡翠的最大价值。但由于材料的形状、大小、颜色和瑕疵等因素的影响，常常导致有些翡翠饰品的形状不完美而影响其价格。在这里，我们将分别对各类翡翠饰品的形状和价格的大致对应关系加以介绍。

一、戒面

常见的戒面外形包括圆形、椭圆形、心形、梨形、橄榄形、马鞍形等。侧面形状有单凸形、双凸形和凹凸形。除某些心形戒面外，多数戒面为单凸形或底部略带弧面的双凸形，因此，在价格评价时底部的厚度可以忽略。心形戒面若为两面对称的弧面，则看其总厚度，凹凸形戒面是为了改善其透光效果继而改善等颜色而设计的，其厚度不是看其突起高度，而是看其实际厚度。

评价翡翠戒面的形状与价格的关系主要应考虑两方面：饰品的长、宽、高比例和表面弧线的对称程度。理想的长、宽、高比例见表4-1。若其比例在此范围内，则是理想的比例，超出或小于此比例则应给予一定的价格折扣。以椭圆形戒面为例，椭圆形戒面的长宽比为1.2～1.5：1，在此范围内，则长宽比是理想的；若为1.1：1则长轴偏短，只能按直径为短轴长度的圆形戒面评估其价格；若为1.8：1，则长轴偏长，最多只能按1.5：1的大小评估其价格。椭圆形戒面的宽厚比是0.5～0.7：1，这种比例的戒面形状饱满，但对色浓度过深或过浅的翡翠原料来说，设计得稍薄或稍厚会改善其颜色外观，还有些戒面设计过厚的原因可能是为了保留色斑。这些情况应视实际比例给予5～9折的价格折扣，特殊情况下（如铁龙生）的价格折扣可能会低至1折。如图4-12所示的翡翠蛋面长、宽、高比例适中，是难得的翡翠戒面佳品。

表4-1　翡翠戒面的理想比例

类型	椭圆形	心形	梨形	橄榄形	马鞍形
长宽比	1.2～1.5：1	0.8～1：1	1.2～1.7：1	1.7～2：1	2.0～3.0：1
宽厚比	0.5～0.7：1	0.2～0.3：1	0.3～0.5：1	0.5～0.8：1	2.0～3.0：1

弧面对称、外形饱满的戒面固然是理想的形状，但有时为了去除翡翠戒面表面的石花、黑点，或者为了保留色斑或隐藏裂纹。常将戒面加工得不对称，应该根据不对称的程度给予一定的价格折扣。我们可以根据不对称的程度将其分为极不对称、明显不对称、稍不对称和基本对称，分别应该给予6～9折的价格折扣，有裂纹的按裂绺的情况进行处理。

图4-12　形状理想的翡翠戒面

二、手镯

手镯的形状评价要素较为复杂，一般要涉及到手镯的外形、镯梗（俗称“条子”）的粗细、厚薄及直径大小（一般指内径）。

1. 外形

手镯的外形有两种：圆形和椭圆形。多数情况下，翡翠被加工成圆形。相比之下，椭圆形手镯是比较稀少的，但这里的稀少并不代表贵重，翡翠手镯之所以被加工成椭圆形，并不是为了制造稀缺，而是因为原料形状和大小的限制，或是为了保留颜色。如果原料的尺寸在一个方向上不够做圆形手镯的尺寸，则可设计成椭圆形；而有些材料如果设计成圆形手镯，则颜色可能出现在手镯的内圈，这时也会设计成椭圆形。所以在评价其价格时，不能考虑其稀缺问题。

2.条子

手镯的条子有圆条和扁条之分，方形条子较为少见（这里不加讨论）。圆条宽度一般在10～12mm之间，少见超过12mm的，低于10mm直径的，每减少1mm就要减少1~2成的价格；扁条手镯是目前市场上最常见的品种，从横截面上看，外部为弧形内圈近于平直。评估其价格时要考虑条子的宽度和厚度。一般来说，宽度和厚度是相适应的，即手镯越宽则厚度越大，但并不是成比例地增加或减少。由于涉及到两个评价要素的组合，使得条子宽度、厚度与价格的对应关系变得复杂了，只能根据具体情况而论。但并不是说无规律可言的，一般来说，条子的宽度在10～18mm之间，越宽的手镯价格越高，但不会超过18mm，低于10mm者每减小1mm，价格应降1～2成。条子的厚度一般在6～10mm之间，条子的厚度越大价格越高，降低厚度有助于提高翡翠的透明度，但低于6mm者每减小1mm，价格应降低1 成。图4-13和图4-14都是质量不错的翡翠手镯，形状一致，圈口相当，颜色当然以前者为好。除开这些因素，单看条子的宽度，前者11mm，后者9mm，前者的价格可能是后者的1.2倍。

图4-13　翡翠手镯

图4-14　翡翠手镯

3.圈口

手镯的圈口是指其内径的尺寸。一般在15.5#～20#之间（每个“#”相当于3mm），以16.5#～19#最为常见，更大或更小的圈口只适合特定的消费者。从用料的角度来看，圈口越大无疑用料越多，价格也越高，所以超过19#的手镯价格会更贵。一般来说，圈口在标准尺寸范围内的手镯不用考虑圈口大小对价格的影响问题，但是圈口较小的手镯，价格应有一定的折扣。但我们常说手镯的价格较难掌握，问题也是出在圈口上。如果说一块材料比较完美且尺寸也适合，一块片料可以用来加工出圈口大小不同的两种规格的手镯，这样就大大地降低了成本。所以，如果批量购进手镯时，最好的办法是跟踪一块质量较完美的原料，将这块原料生产的手镯打包购买，可以获得非常理想的低成本。

总之，手镯的形状要素对价格的影响要结合以上三个方面进行综合评价，对任何一个方面的忽略都有可能得出错误的结论。

三、玉扣

玉扣也是常见的翡翠首饰之一。玉扣的外形是古代玉璧的形状，正面常被切磨成同心的弧形，背面可以是平面，也可以是同正面对称的同心圆弧形。在玉扣的设计中，如果材料是近于满色的，中间的孔必定挖得很小，反之，孔会挖得大一些，所以这里所说的玉扣已不符合古代玉璧（图4-15）的规范了。玉扣的形状评价主要看其饱满程度，即玉扣厚度与直径的比例，不可太厚，也不可太薄。以双弧面形玉扣为例，以0.2～0.25:1为佳，以此比例为标准，太厚或太薄都应给予一定的价格折扣，因为太厚会使玉扣显得笨重，实际上是玉商“因料加工”的结果，对淡色者来讲还会使其增色；而太薄会影响美观。

图4-15　仿古的翡翠玉璧

四、人物

人物类翡翠饰品主要是指观音、佛等神像，有坐式和立式两种。考察人物类翡翠饰品的形状，一方面要看其高宽比例，更要看厚度与宽度的比例。比例适中，饰品才显得饱满，特别是弥勒佛像，饱满者才能展现出灿烂的笑容和“容天下能容之事”的大腹风范。理想的比例见表4-2。不在此比例范围的饰品应视具体情况给予适当的价格折扣。

表4-2　人物类翡翠饰品的各种理想比例

类型	坐式观音	立式观音、佛像	坐式佛像
高度与宽度之比	1.5∶1	2.5～3∶1	1∶1
厚度与高度之比	1∶8～12	1∶12～15	1∶5～8

图4-16所示的是一尊色种俱佳、非常难得的翡翠观音极品，雕工也非常精美，但遗憾的是设计师将其设计成立式观音，底部的莲花座雕得过高，使头部、身体

和莲花座的比例失调，成为成品的一大缺憾。由于我们没见过雕琢前的材料特征，推测可能的情况是材料的形状所限或为了回避裂绺所致。

图4-16　高档翡翠观音

五、花件

花件是翡翠饰品中一个很大的类别，花件题材、形状变化很大，很难找到一个近于客观统一的标准来评价其形状与价格之间的关系。但有一点值得注意，翡翠饰品形状的设计与原料的形状特征、颜色分布特征和裂绺的发育特征有关系。为了因料施工，为了留住表面的一点颜色，或者为了回避或去除某一缺陷，不得不将其雕琢得奇形怪状，虽然对形状有一定的破坏，但保留了其他优势，使饰品总体得到增值。

图4-17所示的节节高，中间凸起的竹节部位，看起来符合竹子自身的结构要求，实际上，竹节下面隐藏着裂纹，如果不留心观察，可能就会忽略这一问题。

图4-18翡翠花件表面之所以雕得奇形怪状，极有可能是因为表面有石花、黑点等杂质。作为翡翠经营者，我们要能认识到奇形怪状的花件出产的原因，再来评价形状与价格的关系，这样可能更为必要。另外，所有特征都相似的花件与佛像相比，花件的价格一定比佛像价格便宜，还是因为“无绺不雕花”，在翡翠设计时，能设计成观音、佛像的材料一定不会用来雕琢花件，这个道理较容易理解。

图4-17　翡翠节节高

图4-18　形状不规则的翡翠花件

如图4-19是一件翡翠如意挂件，图案构成形状优美，颜色、水头俱佳，但左边明显比右边薄，原因是材料左边有一明显的黑色杂质，为了去除杂质不得已而为之。虽然去除了杂质，但又带来了新的问题——对称性被破坏，影响了整体价值。

图4-20为一葫芦造型的翡翠挂件，颜色、水头俱佳且工艺精湛，但由于材料形状的缺陷导致葫芦下部形状不完美，影响了其价格。

在评价花件的形状与价格的对应关系时，最好是与同等大小的观音、佛相比较，按雕花部位的比例来确定相应的价格。如雕花部位占整个花件的70%～100%，则其价格可能只有同等质量的佛像的50%，若占整个花件的30%～50%，则价格为同等质量佛像的75%。

图4-19　翡翠如意

图4-20　翡翠葫芦

第六节　翡翠的大小与价格评价

在所有的宝石评价中，重量（或大小）都是一个重要的因素，因为重量不仅是宝石的计价依据，也是稀有性的重要体现，但对翡翠来说有其独特性。我们知道，在翡翠交易中不按重量计价，而是以件数为单位进行计价，主要原因可能由于翡翠是块状结合体，重量大的块体并不一定代表价格高，做首饰的大块体同样要切成小块进行加工；同时，同一件翡翠饰品的不同部位的质量都有差别，质量好的与质量差的部位本身就不能分开单独衡量，所以就难以用绝对的重量来计价了。实际上，几乎所有的玉石饰品都不按重量计价。

尽管如此，重量在翡翠交易中的作用仍然是存在的，其表现是尺寸的大小和重量的大小对其价格的影响。多数情况下，相同或相似品质的翡翠饰品，重量大者价格也较高。

大小与价格的对应关系很复杂，不同的饰品很难找到一个统一的标准，所以常将大小要素归于形状要素中做简单的描述，如果大小相似，则应考虑形状是否完美。图4-21是一近于素身的翡翠花件，造型较完美，基本无缺陷，与图4-19所示的翡翠如意相比，大小相近，种份较差，但价格绝不亚于它。

图4-21　翡翠挂件

在所有翡翠饰品中，若以大小计价，无疑翡翠戒面的价格是最高的。因为戒面一般来说是取一块翡翠原料的精华部位加工而成的，是较小块的绿色翡翠加工设计的首选，颜色均匀且少有裂纹或石花的小块翡翠原料，必定会加工成翡翠戒面，若石花或裂纹较发育，则会考虑做花件。所以，翡翠戒面对颜色、质地、裂绺都有要求，价格自然比其他饰品高。在价格评价上，以10mm×12.5mm为标准尺寸（一般人佩戴戒指较常见的尺寸），大小每增加1mm（如椭圆形长短轴各增加1mm，不包括厚度的增加），价格增加3成以上。

第七节　翡翠的工艺与价格评价

古人云："玉不琢，不成器"。意思是一块再精美的玉石如果不加以精心雕琢，就不会成为受人喜欢、受人重视的尊贵玉器。这句话常常是长辈用来教育晚辈，人必须像玉一样经过精雕细琢，历经磨砺，才能成为社会的有用之材。唐代的唐太宗也言道："玉虽有美质，在于石间，不值良工琢磨，与瓦砾不别"，这充分说明了良好的工艺在翡翠饰品中的重要意义。

翡翠首饰的美不仅在于它的颜色美、造型美、题材美和质地美，更在于工艺美。前者虽然可以通过适当的设计加以改变，但总体来说是翡翠的材质美的具体体现和设计师美学思想的结晶，而工艺美在于人为。没有良好的工艺，翡翠本身的美也不能得到很好的体现。

除开设计因素和翡翠原料本身的因素，评价翡翠的工艺，主要是从雕琢的精细程度和抛光工艺两个方面加以评价。

在我国玉器雕琢的历史上，以扬州工艺最为著名，这里曾出现了驰名中外的玉雕大师陆子冈。直到现在，扬州工仍然保持着精雕细琢的工艺特色；北京在20世纪也诞生了许多工艺美术大师，他们的雕琢水平和工艺构成了我国玉雕的北派风格。

20世纪80年代以后，随着我国工艺美术行业的整体转型，一些身怀绝技的工艺美术大师开始向南方转移，我国翡翠雕琢艺术风格的地方格局被打破，各个翡翠集散地的产品雕琢风格相互融合，但不同翡翠市场经营的产品档次不同导致对工艺要求不同，形成了一些新的地方特色。如揭阳是高档翡翠的集散地，对工艺的要求也比较高，所以，当今市场上揭阳工最好，其次是广州工、福建工，较差的是河南工。

其实，翡翠饰品的雕琢工艺并不能按地域进行区别，哪里都有好工，哪里也都有差工。对于翡翠经营者来说，并不需要区别一件翡翠饰品是由哪里的雕琢大师雕琢的，而是要区分出工艺的优劣。一个普遍的道理是好料必有好工，对于一块普通的材料来说，再好的工也未必能使其价值增加多少。不同题材翡翠饰品的工艺评价要素不同。比如人物类饰品，首先要考察各个部位的比例，要符合自然的美感；观音面容要慈眉善目，神态安详，头戴宝冠，一幅君临天下、救苦救难的慈悲模样，让人感觉到确实能体现观世音那种大慈大悲的神态；弥勒佛要面容丰满，呈游戏坐姿，身穿袈裟，笑颜迎人，袒胸露腹，双耳垂肩，显露出一副大慈、大祥、大智慧的神态，观之无不感到亲切、轻松、愉快。人物类素材尤其要注重面容形象的刻画，山水花鸟要尊崇自然的形态。无论材料档次的高低，对形象的刻画都要栩栩如生，高档材料与低档材料之间工艺的差别在于细节的刻画。高档材料雕琢得更细致一些，为了降低成本，低档材料会雕琢得粗糙一些，但整体轮廓、神态必须反映出上述特点，否则应视为工艺差。高档翡翠饰品的工费一般在1 500～5 000元之间，而低档饰品工费在20～50元之间，我们应该学会根据材料的档次和工艺的优劣判断其工艺成本。

在科学技术日益发达的今天，一些高科技手段正在运用于玉器加工中，如超声波技术——超声波抛光、超声波穿孔、超声波压模等技术已在低档翡翠饰品中得到了广泛的运用。我们要注意识别这些技术，因为机械加工成本会大大低于

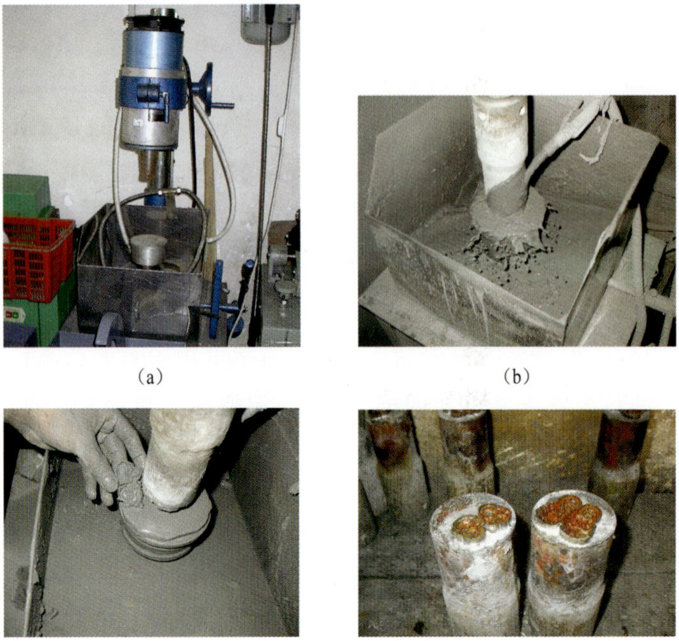

(a)　(b)　(c)　(d)

图4-22　超声波大规模技术

a.大功率超声波压模机是近年来发展起来的新技术，在以前的宝石加工中，它主要用于超声波穿孔，具有加工效率高的特点；b.超声波压模技术首先要将欲压制的物品形状预制成钢模，然后将钢模粘在工具头上；c.将翡翠片料放在超声波村模机的底板上，对准模具，不断地向工具头送入金刚砂，即开始压制；d.检查压制进度，待完全压制成形后，再手工打磨边缘、手工抛光或用振动抛光机进行抛光，一批成品就完成了。

人工雕琢成本。最后，让我们以图示的方式（图4-22）了解一下超声波压模技术。

以上我们对翡翠的质量与价格评价做了简单的介绍，为了讲述的方便，我们将翡翠评价的7个要求分开进行讨论，并对一些要素提出了价格评价的相对指标，对每一个要素的评价是翡翠商贸中必须掌握的。这里还需要特别指出：

（1）翡翠的价格评估必须在掌握市场行情的基础上进行。市场行情是不断变化的，为了准确把握市场行情，我们必须经常从事市场调研，不断积累市场经验，只有在把握市场行情的基础上，才能对翡翠饰品的价格做出相对准确的判断。关于如何把握市场行情，我们将在第七章中具体讲述。

（2）每个评价要素之间可能是相互关联的。如颜色、水头与饰品的厚度有关，色浓度大、水头差的翡翠饰品常会加工得薄一些，而色浓度小、水头好的通常会加工得厚一些。在这些相关联的要素评价中，要根据观察到的实际状况对翡翠饰品进行评价。例如，在评价一枚加工得较薄但颜色较好的翡翠戒面时，我们要实事求是地评价我们看到的颜色，假如它加工成较厚的戒面的颜色，在形状评价中就要根据厚度情况给予价格折扣。

（3）为了更加直观地了解每一个评价要素中不同的质量类型与价格的对应情况，我们给出了某些要素中不同质量类型与价格的关系图。但这个图示只是代表翡翠的不同质量类型与价格之间的相对关系，并且会跟随市场的供求关系的变化而变化，没有绝对的对应关系。

（4）实际工作中观察翡翠饰品的颜色和水头时要注意环境，要理解“灯下不看玉”的真实道理，这一点也将在第七章中介绍。

（5）翡翠中的瑕疵大多会对翡翠的价格起负面效应，但如果处理得好，也会使翡翠增值。在认识瑕疵对翡翠饰品价格的影响时，一要仔细观察，搞清楚瑕疵的性质及对翡翠饰品的影响；二要认识到什么是真正的“俏色”，一定不要听任货主的“瞎侃”。

（6）翡翠的形状、大小和工艺常要结合起来评价，因为饰品形状、大小常常与工艺有关。要认识工艺的重要性。俗话说：“三分料、七分工”。翡翠饰品是首饰但首先是工艺品，良好的工艺是体现其价值的前提。工艺差的翡翠饰品不仅不能售出好的价格，也不受消费者的欢迎。原则上要拒绝购进工艺差的翡翠饰品。

第五章　翡翠及相似玉的肉眼识别

翡翠市场历来都被认为是最混乱的市场。由于翡翠诱人的利润和一般买家识别翡翠能力有限的原因，导致翡翠做假十分猖獗，早期的做假仅限于翡翠染色（即所谓的“C货”）和以假充真（俗称“D货”），稍有经验的买家尚能识别。20世纪80年代后期出现的人工处理翡翠（即“B货”）确实给翡翠业带来了巨大的恐慌，不论是消费者还是经销商，都会谈B色变，因为在市场上，有时很难通过肉眼把A、B货区分开。翡翠商家在进货时一旦将B货以A货的价格买入，损失将是无法估量的。我们并不是说B货就不能进入市场，问题是B货与A货价格相差数倍至数十倍。一旦不法商人以B充A，而市场上又没有有效的识别手段的情况下，将会给翡翠经销商造成巨大的打击，这种打击不仅是经济的损失、更是信心的打击。《国家珠宝玉石质量标准》实施以后，各地质量技术监督部门加大了对市场的监督力度，翡翠市场以假充真的现象得到了有效的抑制，但不法商人以B充A的现象仍时有发生。

何为翡翠的A、B、C货？简单地说，A货翡翠就是天然产出的翡翠原料未经任何优化处理的翡翠；B货翡翠也是天然产出的翡翠原料，但质地较差，经强酸浸泡后，结构变得非常疏松，再以环氧树脂胶充填固结。经过B处理后，翡翠的外观（颜色、透明度等）会有很大的变化。B处理的翡翠有时还在胶中或在酸浸泡后的原料表面加入颜色，充胶时将颜色带入翡翠内部，行业内称这种处理的翡翠为B+C货；C货翡翠是指天然的无色翡翠经人为地加入颜色处理过的翡翠。一般认为，B货翡翠饰品佩戴一段时间后会发黄、出现微裂；C货翡翠饰品在几个月之内就会褪色。

早期的B货翡翠做工粗糙，相对来说较容易识别，十多年的发展，欺骗性越来越强，有些手法甚至可以骗过专家的眼睛。主要是因为：胶的质量越来越好；有些B货处理较轻，还保持着诸如翡翠特有的翠性、石花等，粗略看上去似未经处理；还有一些以前认为不能做B货的材料也被B处理。更有甚者，少数翡翠饰品仅局部进行了B处理，稍不留心，甚至可以骗过专家的眼睛。

此外，在翡翠市场上，尤其是在批发市场上，经常可以见到外观与翡翠相似的各种仿冒品，在翡翠交易中常会有一定的欺骗性。学会区分A、B、C货及翡翠仿冒品是从事翡翠经营的基础。

当然，在实验室里，区分翡翠处理品及仿冒品已不是一件困难的事了，运用现代测试技术，如红外光谱分析可以确定翡翠是否经过B处理，常规测试也可以快速有效地将翡翠与其他仿冒品区分开来。但问题是：翡翠经营者采购时，在不具备任何测试条件的情况下如何避免上当受骗呢？为了有效地解决这一问题，使翡翠经营者的采购活动尽可能不上当或少上当，我们在强调积累市场经验的基础上，具体介绍一下在不借助任何仪器或仅有10X放大镜的情况下翡翠B、C货及各种仿冒品的基本识别方法。

第一节　翡翠B、C货的肉眼识别

一、翡翠B、C货的处理过程

为了更加准确地了解翡翠B、C货的特征，我们有必要先了解一下翡翠B、C货的处理过程。翡翠B货的处理过程一般按如下程序进行：

1.选料

早期的翡翠B货仅以质地粗、地张脏的翡翠原料为处理对象，所以，八三玉被认为是最理想的B处理翡翠原料，现已发展到多种类型，如豆种、花青种等（图5-1）。

图5-1　选料

2.切片

将大块翡翠原料切成片料。目的是

为了加快下一工序——酸蚀的进程（图5-2）。

3.泡酸

将片料在60℃左右的恒温条件下，在稀硫酸或盐酸中浸泡3～5周，除去翡翠内部的杂质，泡酸后的翡翠结构变得非常疏松（图5-3）。

4.泡碱

经泡酸后的翡翠片料，虽然通过化学反应去除了杂质，破坏了翡翠的结构，为后续的充胶工序打开了通道，但通道还不够大，再加上残存的酸液可能会影响充填效果，必须再将片料泡入碱溶液中，通过化学反应去除孔隙中的残余物（图5-4）。

5.清洗

将泡过碱的翡翠片料置入流动的中性水中冲洗2～3天，去除碱质及通道中的碎屑。

6.烘干

将清洗干净的片料置于烘箱中烘烤数小时，去除其中的水分。（图5-5）

7.注胶

将坯料置于真空装置中并在其上的漏斗中加入环氧树脂，先抽真空，然后打开漏斗下面的阀门使胶流入容器，再加压，将胶完全注入（图5-6）。

8.固化

从容器中取出注过胶的坯料，在空气中自然固化。

B+C货的制作方法有两种：一种是在充填的胶中加入绿色染料，充胶时随胶将颜色带入，这种B+C货的“底色”变为淡绿色。另一种方法是在泡酸后的坯料表面用毛笔涂上颜色，

图5-2　切片

图5-3　泡酸

图5-4　泡酸及泡碱后的手镯毛坯

图5-5　烘干设备

图5-6　注胶

图5-7　翡翠B处理前后效果比较（左：处理前　右：泡酸后　中：充胶后）

充胶时颜色被带入翡翠内部，这样制成的B+C货颜色分布自然，因而更具有欺骗性。

C货的制作是直接将翡翠成品加热，然后，浸入染料中吸入颜色。图5-1是翡翠B货（含B+C货）的制作流程，图5-7是翡翠电料B处理前后翡翠外观效果的对比。

二、翡翠B、C货的肉眼识别

认识了翡翠B货的制作过程，我们会发现，翡翠的B处理实际上是利用强酸浸泡破坏翡翠原料的结构并去除杂质，然后再进行充胶，B处理的过程也为B货翡翠的识别提供了依据。因此，识别B货翡翠，首先应该掌握不同种份的A货翡翠的特征，结合B处理过程中对翡翠结构的破坏而留下的痕迹，寻找B货翡翠的蛛丝马迹，我们可以归纳为如下几个方面：

1.结构

翡翠是粒状、纤维状矿物的镶嵌结构，翠性是具粒状结构的翡翠的一个重要特征。经过B处理以后的翡翠，粒状颗粒边界模糊、圆化，翠性也会随B处理程度的不同而不明显。处理程度较重的翡翠，不仅看不到矿物颗粒的边界，也看不到翠性；处理得较轻的翡翠，可以看到翠性，但必定看不清矿物颗粒的边界。特别是豆种翡翠，借助10X放大镜，可以很清楚地看到B处理后翡翠结构的变化。

2.光泽

抛光精良的A货翡翠显示特征的玻璃光泽，而经过B处理的翡翠由于树脂胶的加入，光泽变得暗淡而显示蜡状-玻璃光泽。当然，随着近年来工艺的改进和树脂质量的提高，光泽的强弱已不能作为某些B货翡翠的识别特征了。但对一些低档翡翠，由于加工工艺的粗糙，仍然可以从光泽的强弱上加以识别。

3.杂质

A货翡翠总会或多或少地含有杂质，如石花、黑色矿物包体、次生色等。经B处理后，翡翠的颜色变得较纯净，次生色消失，即地张变得较好。由于表面的杂质在酸处理过程中被腐蚀，因此，石花、黑色矿物包体可能出现在次表面。一般来说，B货翡翠的表面比较干净，不会出现次生的杂色，但有杂色的也不一定是A货，因为造假者为了蒙骗进货者的眼睛，常会在充胶前有意识地在坯料中加入一些杂色或杂质。

4.表面特征

翡翠的表面特征是B货翡翠识别的重要依据。

翡翠是以硬玉为主要矿物成分的多晶质结合体，由于各种矿物的硬度不一致，再加上硬玉矿物本身排列的方向不一致，以及抛光过程中颗粒边缘的磨蚀速度快一些，导致A货翡翠成品表面出现凹凸不平，这种现象称为“橘皮效应”。翡翠矿物颗粒越粗，橘皮效应越明显。这一特征可以作为区分翡翠A货与B货及其他相似玉的方法。

与翡翠A货不同，翡翠B货的表面表现的是一种酸蚀网纹结构，也称龟裂纹。经过充胶的翡翠，由于矿物颗粒与树脂胶之间的硬度有很大的差别，经抛光后，B货翡翠的表面就会形成细线状围绕矿物颗粒的、不规则的网纹。用10X放大镜在反射光下观察，B货翡翠的酸蚀纹十分清晰。尤其是在有裂纹的B货翡翠中，裂纹处的酸蚀痕迹、树脂胶和龟裂纹都十分清楚。

5.颜色特征

特别是在放大镜下观察，多数翡翠的颜色是不均匀的，颜色分布也很有特征。A货翡翠的颜色像是从某一特定部位向外扩散，我们称这一部位为色根。所以，人们常说，A货翡翠的颜色有色根，而B货翡翠的色根不明显，颜色清透，有“漂”的感觉。C货翡翠的颜色更是“浮”在表面，由于是加热炝色，颜色集中于翡翠矿物颗粒边缘，无色根，色彩不活，色调也不自然。随着经验的积累，依靠肉眼识别C货翡翠是十分容易的，10X放大镜下的特征更加明显。

B+C处理翡翠中，在树脂胶中加入颜色并随充胶工序着色的，会使整个翡翠底色变为淡绿色，翡翠原有的颜色也会加深，这种翡翠具有B货翡翠的特征，但染色特征并不明显，八三玉的B处理过程中最常见这种加颜色的情况，这种B+C

货是可以根据经验判断的。虽然不易找到加色证据，但既然已判定为B货了，判断加色与否也就没有实质意义了。表面涂色制作的B+C翡翠虽然具有欺骗性，但肉眼很容易识别，它的颜色没有色根，颜色形状也不是翡翠所特有的发散状，细心观察同样很容易识别。

三、如何看待翡翠B、C货？

其实，造假并不是翡翠行业的专利。名画有赝品，古玉有仿冒。名画的赝品连画家本人也难辨真伪，是收藏家心头永远的痛。之所以有翡翠的B货和C货，应该说都是绿色惹的祸。绿色是大自然赋予翡翠的精华，是翡翠之魂，也是翡翠价值之所在。尽管一些B货、C货的颜色看上去比一些A货的颜色还要艳丽，但是人工注入的绿和大自然赋予的绿在人文意蕴和审美的感觉上是不可比拟的。人们一掷千金去购买翡翠，追求的就是蕴含着自然与生命真谛的自然之绿。附加在翡翠上的任何人工之绿，注定是没有生命力的。

对于一个专门从事翡翠A货经营的玉商来说，翡翠B、C货是令人深恶痛绝的。它们是造成玉器市场混乱的主要根源。B处理的翡翠外观要比同等价格的A货翡翠漂亮得多，外观相似的翡翠A、B货之间价格相差数倍至数十倍，A货与C货之间的价格更是相差数千倍。正因为如此，再加上消费者对翡翠价值的理解和识别能力有限，导致一些不法玉商为赚取暴利以B、C货充A货，让消费者深受其害，动摇了消费者购买翡翠的信心，也损害了翡翠经营者的形象。

客观地说，翡翠B、C货并非毫无价值，从充分地利用天然翡翠资源的角度来看，也不失为一件好事。如果不经过B处理，某些翡翠资源根本就没有什么美可言，只会被人们视为无用的石头而抛弃。经过B或C处理以后，外观变得漂亮了，价格也不是很高，为满足一般消费者的装饰需求提供了可行性。但问题是，B货只能用于装饰，不能用于收藏，更没有升值潜力。B货翡翠美丽的外观只能维持几年的时间，而C货几个月之后便会褪色。不法玉商或为了盲目迎合消费者追求便宜的心理，或者为了赚取暴利，在经营中对自己经营的处理翡翠不予明示或以B货充A货，欺骗顾客，使消费者深受其害，这种做法严重影响了翡翠市场的健康发展，我们必须坚决制止这种对市场、对顾客不负责任的经营方式。

所以，翡翠B、C货并不是人人喊打的过街老鼠，经营者只要对自己经营的货品进行明示，翡翠B、C货也可以同A货一样出现在玉器市场上，经营不同类型产品的玉商按照自己的目标市场的需要寻找相应的货品，不同的产品满足不同类型消费者的需求也是允许的。只有这样，翡翠市场才能和谐、健康地发展。

第二节　翡翠与其他相似玉的肉眼识别

翡翠市场的混乱并不仅仅因为有翡翠B、C货的存在，还在于与翡翠外观相似的仿冒品的存在。从翡翠受到国人宠爱的那一天开始，奸猾的商人就动起以假乱真的手脚，直到今天，翡翠仍然是鱼目混珠，使这个本来碧绿如水的世界有时也让人泾渭难分。

市场上较为常见且与翡翠外观相似的品种有：软玉中的碧玉、独山玉、符山石、钙铝榴石、蛇纹石玉、钠长石玉、绿玉髓、天河石、染色石英岩、染色大理石、仿翡翠玻璃、半透明祖母绿和东陵石等。一般来说，掌握了这些与翡翠相似的玉的外观特征，区分它们并不是一件十分困难的事。

一、软玉与翡翠的肉眼识别

碧玉的产地远比翡翠多，除我国的新疆和台湾外，还有俄罗斯、澳大利亚、新西兰、美国、加拿大、巴西和韩国等。由于其产地多、产量大，价格远比翡翠低廉，市场上常用来仿翡翠。

软玉与硬玉是两个相对而言的矿物名称。与翡翠的物理指标不同，软玉的硬度为6～6.5，折射率为1.62，相对密度为2.95～3.05，均小于翡翠，所以，借助仪器是不难将这两种玉石区分开的。软玉有白玉、青玉、青白玉、墨玉和碧玉等品种，其中的碧玉与翡翠相似，易与翡翠相混，但我们用肉眼可以从三个方面的特征区分它们：一是颜色，软玉的颜色呈黄绿-暗黄绿色，分布均匀，颜色特征与翡翠决然不同；二是内部杂质，软玉多含肉眼可见的黑色包裹体，市场上常见的碧玉有来自我国新疆的碧玉、俄罗斯碧玉和加拿大碧玉，加拿大碧玉几乎不含黑色包裹体，其他产地的碧玉均含特征的黑色包裹体；三是表面特征，碧玉的矿物晶体非常小，具有与翡翠不

图5-8　碧玉扳指

同的光泽和表面表征，成品常呈油脂光泽，肉眼看不到橘皮效应和翠性（图5-8）。

二、独山玉与翡翠的肉眼识别

独山玉又称为南阳玉，因产于我国河南南阳市郊的独山而得名，是一种辉石岩岩体中的蚀变斜长岩，主要成分是斜长石和黝帘石。由于组成独山玉的矿物种类和含量变化都较大，因此，其化学成分和物理性质也不稳定，颜色丰富多彩，是玉器上做俏色雕的理想材料。与翡翠容易混淆的品种是翠绿、黄绿、墨绿色的独山玉，多为半透明-不透明。透明度较好的绿色独山玉颜色分布比较均匀但常常夹有黑点，抛光后表面具油脂光泽。由于它的成分变化大，以致硬度不均匀，因此，独山玉成品表面往往不平整，抛光质量不好。绿色独山玉的颜色是由于含有细粒的铬云母或含铬绿泥石所引起的，查尔斯滤色镜下呈红色。独山玉的颜色分布非常特征，常沿小裂隙形成浓绿色短线状、小脉状的色带，颜色偏蓝、偏灰色，通常不均匀、不够鲜艳而显沉闷（如图5-9）。依据这些特征可以很容易将独山玉与翡翠区分开来。

图5-9　独山玉挂件

三、蛇纹石玉与翡翠的肉眼识别

蛇纹石玉是一种较为常见的玉石材料，我国的主要产地在辽宁省岫岩县，这里产的蛇纹石玉称为岫玉。蛇纹石玉产量大，产地多，品种多变，颜色多样。其中的黄绿色、绿色、墨绿色蛇纹石玉与翡翠相似（如图5-10），但很多特征可以将它们区分开来：蛇纹石玉是由隐晶质的极细粒的纤维状、叶片状蛇纹石组成的致密块状体，与翡翠的粒状、纤维状结构明显不同，结构上比较容易区别；蛇纹石玉一般为蜡状光泽，抛光的表面一般无橘皮效应，而翡翠为玻璃光泽；蛇纹石玉的相对密度比翡翠小，手感较轻；蛇纹石玉的硬度

图5-10 产于我国辽宁省岫岩的蛇纹石质玉——岫玉

也比翡翠小，一般可被小刀刻动。

辽宁岫岩所产的蛇纹石玉中有一种花岫玉，其特点是透闪石呈白色的团块状与浅绿色半透明的蛇纹石组成的绿白混杂的斑杂状外观，有些成品粗看起来与翡翠极为相似，但通过以上特征还是很容易将它们区分开来。

四、钠长石玉与翡翠的肉眼识别

钠长石玉在行内又称“水沫子”，在缅甸是与翡翠伴生的一种玉石。由于与翡翠的外观极为相似，早期有很多玉商为此吃亏上当。细心观察，水沫子与翡翠的区别还是较明显的：水沫子的相对密度较小，与个头相当的翡翠相比较，水沫子的重量明显要轻得多；水沫子多为白色、灰白色或蓝绿色，最大的特点是透明度较好，多为透明至半透明。白色水沫子常用来仿无色玻璃种翡翠，但光泽明显比翡翠差，没有玻璃种翡翠特有的荧光（图5-11），常可见明显的白色絮状物，颗粒特征不明显，无翠性；在蓝绿色水沫子中，绿色不鲜艳，不均匀，常呈丝状、青苔状的蓝绿或墨绿色，颜色不规则，没有翡翠颜色特有的“色根”（图5-12），只要细心观察，水沫子是不难同翡翠区别的。

图5-11 仿玻璃种的水沫子

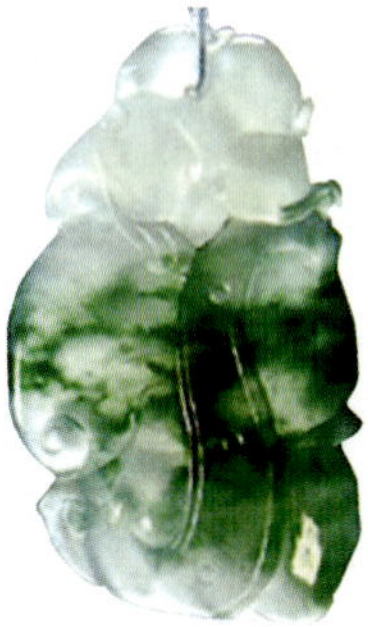

图5-12 带绿色的水沫子挂件

五、水钙铝榴石与翡翠的肉眼识别

水钙铝榴石是20世纪90年代在青海发现的，称为青海翠。绿色者外观与翡翠极为相似，还有黄褐-褐红色钙铝榴石用于仿红翡。水钙铝榴石的成分以钙铝榴石为主，可含少量的绢云母、蛇纹石、黝帘石等。绿色钙铝榴石的晶体通常较大，白色基质颗粒较小，肉眼分不出界限，但颗粒粗大的绿色钙铝榴石斑晶形成的绿色点状色斑与翡翠的绿色分布特征明显不同，非常容易识别。另外，水钙铝榴石多为不透明，少数半透明，颜色从浅绿到绿色，分布不均匀。黄褐-褐红色钙铝榴石一般为半透明的超导体，颜色较暗淡且均匀一致，肉眼见不到结晶颗粒，与翡翠的色调有明显区别（图5-13）。更主要的，水钙铝榴石内部大多含有白色点状、团块状包体，仔细观察是不难区分的。

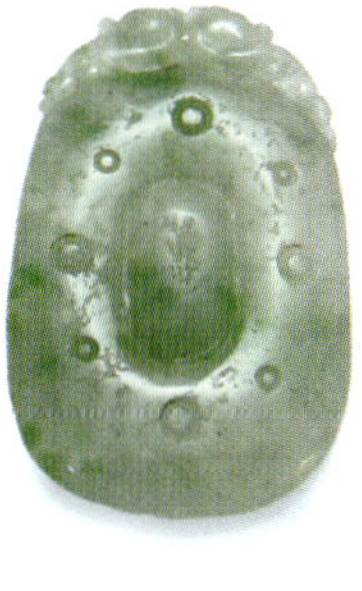

图5-13　钙铝榴石

六、染色石英岩与翡翠的肉眼识别

染色石英岩是较早出现在玉器市场的仿翡翠材料。20世纪80年代出现在市场上时，数量较少，由于其透明度、颜色均较好，常用来冒充高档翡翠，后来被大多数人认识以后便以“马来玉”的名称大量出现在市场上。最早出现在市场上的染色石英岩成品多为戒面（图5-14），其次为玉扣和项链。它的制假方式是将有机染料注入无色、透明度较好的石英岩中，通过石英岩颗粒的孔隙浸入石英岩内部。这一做假方式为其鉴定提供了有力的证据：在自然光下用透射光进行观察，其颜色分布呈丝网状，这是染料聚集于石英岩颗粒边缘的结果。有些石英岩透明度较差，用侧光源观察同样可以看到这种结构。从外观上看，染色石英岩颜色均匀，色调偏蓝或偏黄，实践经验多了，就会觉得这种颜色不自然。

图5-14　染色石英岩

七、染色大理岩与翡翠的肉眼识别

染色大理岩与染色石英岩同为人工染色的材料，但用途方面有较大的区别，染色大理岩多用做手镯、雕件等较大的仿翡翠制品。由于染色大理岩是低档玉料，价格便宜，质地疏松，因此，加工一般比较粗糙，光泽暗淡，敲击声异常沉闷，

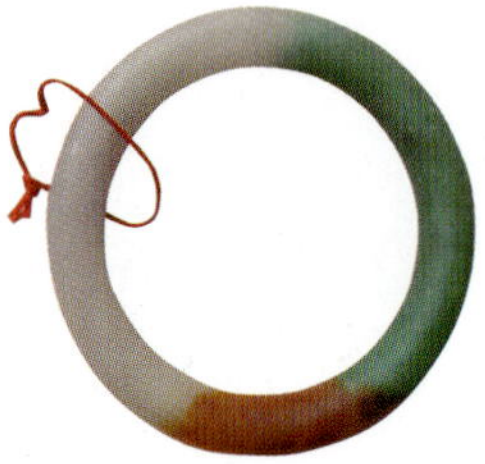

图5-15　染色大理岩手镯

声如瓦片。从外观上看，大多可见结晶颗粒，人工注入的颜色一般较深且集中在颗粒边缘，以蓝绿色调为主，颜色非常呆板（图5-15）。大理岩结晶颗粒的解理看上去很像翡翠的翠性，但其粒状结构是不可能与翡翠混淆的。结合这些特征可以很容易将染色大理岩与翡翠区分开来。

八、绿玉髓与翡翠的肉眼识别

图5-16　绿玉髓

绿玉髓又称澳洲玉或澳玉，是一种隐晶质的石英微晶结合体，颜色为绿色-黄绿色，与翡翠较为相似。绿玉髓是风化淋滤型矿床，原石的形状为不规则的块状，表面常有不规则的凹坑状缺陷，如果在加工时残留在玉髓成品的边缘，则很容易判断，但这种情况一般少见。其他物理性质有助于区分它们：绿玉髓的颜色偏黄色调，而且较均匀，半透明-微透明，肉眼看不到结晶颗粒，与高档翡翠比较相像，但颜色没有翡翠那么鲜艳，无翠性，玻璃光泽比翡翠弱，所以看起来光泽比翡翠暗淡，抛光的表面较光滑，没有橘皮效应。绿玉髓的相对密度比翡翠小，相同大小的成品会明显比翡翠轻（图5-16）。

九、绿色石英岩与翡翠的肉眼识别

图5-17　东陵石

与染色石英岩不同，绿色石英岩的颜色是天然形成的颜色，常见的品种包括东陵石、密玉和贵翠，这几种石英岩的成色机理是不同的，以下我们分别考察一下它们与翡翠的区别：

东陵石是一种含铬云母的石英岩，铬云母呈中-粗粒状的片状晶体在石英岩中定向排列，所以在某一方向上可见东陵石的颜色分布具有方向性，在另外一些方向上有见到铬云母的片状闪光，有点像翡翠的翠性。东陵石的粒状结构非常明显，颜色呈暗绿色，呈定向的小片状分布（图5-17），相对密度比翡翠小，这些特征都有助于将东陵石与翡翠区分开来。

密玉因产于河南省密县而得名，颜色变化多样，常见有浅绿、灰绿、浅红、黑色和白色等，绿色密玉与翡翠的外观相似，但其颜色是因其中含少量的铁锂云母引起的。密玉的结晶颗粒比较细，但透明度比较差，小云母片的闪光与翡翠的翠性相似，但其明显的粒状结构可与翡翠区别。密玉的颜色分布较均匀，但颜色暗淡呆板，没有翡翠所特有的灵气，更没有色根。

贵翠是一种次生的石英岩，因产于贵州而得名。贵翠粒度较细，因成分中含有绿色高岭石而致色，颜色不够鲜艳且颜色分布不均匀，多为浅淡的天蓝色至浅蓝绿色，透明度差，依据其颜色和结构特征很容易将其与翡翠区分开来。

十、祖母绿与翡翠的肉眼识别

纯净无瑕的祖母绿是高档名贵宝石，一般加工成刻面型宝石款式，颜色等外观特征与翡翠也不存在相似之处，与翡翠容易相混的是那些含有大量内含物的半透明祖母绿（图5-18）。祖母绿的颜色可呈漂亮的翠绿色或绿色，以碧绿为主色调，翡翠以翠绿为主色调；多数情况下，祖母绿的颜色分布较均匀，没有色根，而翡翠常见颜色浓淡不一、有丝状颜色的现象。祖母绿也有颜色不均匀的情况，但它是由于晶体生长过程中致色元素的变化而产生的色带造成的，与翡翠的颜色不均匀情况完全不同；祖母绿是单晶质材料，看不到结晶颗粒和翡翠所特有的翠性；祖母绿的相对密度比翡翠小，同等大小的成品比翡翠轻；半透明的祖母绿也同翡翠一样切磨成弧面形，内部常可见黑色杂质和裂纹；祖母绿的韧性很差，碰撞容易破碎，在表面形成贝壳状断口，这一特征在翡翠中是没有的，翡翠的韧性好，不易破碎，即使有断口也是呈粒状的。从材料的结晶状况、颜色、杂质等特征是不难将两者区分开的。

图5-18　半透明祖母绿晶体

十一、天河石与翡翠的肉眼识别

天河石是微斜长石的变种，为蓝绿色块体（图5-19），相对密度2.57左右，不

图5-19 天河石原料

透明，玻璃光泽。天河石块体大，裂隙多，一般不能作为饰物，因其在加工过程中易破碎，有回避不完的裂隙，只有其中优质者可做首饰，但它有漂亮的颜色常被用做观赏石和标本。天河石一个明显的特征是具有格子状花斑的蓝绿色和白色，色调也与翡翠明显不同，这是与翡翠相互区别的最根本的特征，再加上裂纹、结构特征都很容易与翡翠区别。

十二、绿色碧玺与翡翠的肉眼识别

碧玺的矿物名称为电气石，绿色碧玺是其中的一种品种(图5-20)，主要绿色色调有浅绿、棕绿和深绿，透明晶体，内部常含管状气液两相包体。碧玺的一个最大特征是具有明显的多色性，从不同的方向观察会出现不同的颜色或同一颜色的不同色调。多数碧玺的颜色带褐色调，绿色比较生硬，没有翡翠那样柔和，仅从颜色上就很容易将这两种宝石区分开来。

图5-20 电气石

十三、萤石与翡翠的肉眼识别

萤石也是具有多种颜色的宝石，其中的黄绿色和蓝绿色品种可能会与翡翠混淆。萤石的硬度低，光泽弱，立方体解理非常发育，所以，经加工的萤石成品常常暗淡无光(图5-21)，可见到沿解理面方向的裂隙。由于萤石透明度高，因此在光线照射下观察时颜色比较浅，透明度较好的翡翠在光线照射条件下颜色也会变淡，但色根的颜色是浓艳的，萤石的颜色均匀，没有色根。萤石性脆，轻轻磕碰就会破碎，翡翠的韧性好，不易破碎，这些特征都有助于两者之间的识别。

图5-21 萤石

十四、孔雀石与翡翠的肉眼识别

孔雀石是含铜的淋漓沉积型矿物，颜色与翡翠较为相似。孔雀石有两类：一类是普通孔雀石，颜色多以蓝绿色为主(图5-22)，另一类是硅孔雀石，颜色以暗绿色为主，两类孔雀石的颜色都不具备翡翠的那种翠绿色，它们的色感完全不同。孔雀石的硬度较低，不透明，性脆，表面常会被氧化而呈黑色，多数孔雀石具有大致平行的条纹或不规则的同心圆状花纹，这些特征在翡翠中是没有的。颜色特征、光泽、透明度等均与翡翠不同，非常容易区分。

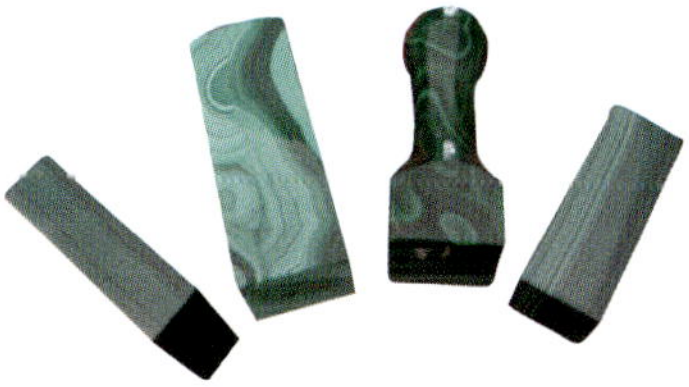

图5-22　孔雀石图章

十五、绿松石与翡翠的肉眼识别

绿松石是一种含铜、铝和水的磷酸盐，淋漓沉积在各种岩石的夹缝中，所以原石的形状不规则。绿松石的颜色呈鲜艳的天蓝色或蓝绿色(图5-23)，硬度低，性脆，多数不透明，遇酸可起化学反应，表面常可见不规则的黑色铁线，绿松石一般结构致密，以蜡状光泽为主。绿松石的颜色、光泽、透明度及其他表面特征几乎不可能与翡翠混淆，是一个较容易识别的品种。

图5-23　绿松石

十六、仿翡翠玻璃与翡翠的肉眼识别

用玻璃仿翡翠制品的现象自古有之，古代的仿翡翠玻璃大至各种器皿，小至戒面、耳坠等无所不有，我国民间家庭收藏品中很多都是玻璃制品。早期的玻璃制造工艺粗糙，很容易识别，随着工艺的改进，仿制的手法也越来越高明了，为鉴定工作带来了一定困难，但实验室鉴定同样是一件非常简单的事情。肉眼识别一定要谨慎小心，因为有些仿翡翠玻璃的外观与翡翠非常相似。一般来说，仿翡

图5-24　脱玻化玻璃仿翡翠

翠玻璃有如下特征供肉眼识别：仿翡翠玻璃的颜色一般较均匀，早期的玻璃可能颜色不均匀，可见搅拌不均匀形成的漩涡纹；多数玻璃中含有气泡，借助放大镜仔细观察十分明显；一些脱玻化玻璃中有肉眼可见的放射状、镶嵌状图案（图5-24）。另外，玻璃的相对密度比翡翠小，在手中惦一下重量会有较轻的感觉，这些都可以作为它们的识别依据。

以上分别介绍了各种绿色宝玉石的外观特征及与翡翠在肉眼上的区别。随着市场经验的丰富，翡翠独特的颜色和结构特征是很容易用肉眼即可加以识别的。除绿色外，翡翠还有红色、紫色和黑色的相似品种，在此不一一介绍。我们在市场实践中要多看、多比较，培养自己独特的眼光，识别翡翠及其仿制品并不是一件困难的事，更为重要的是要提高我们对翡翠A、B、C货的识别能力。

第六章　中国主要翡翠集散地

这里所说的翡翠集散地，是指翡翠饰品加工、批发相对集中的地方。翡翠集散地的形成与地理、人文、经济特征有密切关系。由于这些因素的变化，翡翠集散地自古至今也产生了相应的变化。在这里，我们将对翡翠集散地的变迁、目前重要的翡翠集散地的状况及交易特点做简单的介绍。

第一节　中国翡翠集散地的变迁

众所周知，缅甸是宝石级翡翠原料的主要产地。缅甸毗邻我国云南，由于地缘相近，加上中国自古就有爱玉、赏玉的传统，因此历史上缅甸翡翠便是通过云缅边境运入中国，并在云南的腾冲、盈江、瑞丽等边境城市形成翡翠集散地。历史上云南曾是举足轻重的玉石之路，腾冲曾经是世界上最大的翡翠集散地和闻名遐迩的解玉琢玉之乡，中国自古便有“玉出腾越”之说。除用于进贡之外，大部分是卖给了广东和云南的玉商。20世纪60年代中期的政治动乱和经济的停滞不前使我国边境的玉石贸易遭受了前所未有的重大打击，缅甸玉商被迫将玉石贸易转向交通极为不便的泰国清迈，于是才有了清迈今天的繁荣。

20世纪70年代以来，素有亚洲“四小龙”之称的香港和台湾的经济高速发展，刺激了港台地区消费者对翡翠饰品的需求。可以说在新中国成立后的近40年的时间里，港台消费者是中国传统玉文化的主要传承者。在这一时期，精明的香港玉商深入到缅甸矿山和仰光采购翡翠原料，然后运回香港加工销售，逐渐在香港的广东道形成了翡翠玉器批发市场。改革开放以前香港是重要的翡翠集散地。

改革开放以来，我国政府重新开放了中缅边界，云南各边境城市的玉石贸易又重新活跃起来了。腾冲、盈江、瑞丽等多个城市先后建立了翡翠市场和翡翠保税仓库，当地政府采用各种优惠政策吸引缅商来这里从事翡翠贸易。昔日的翡翠古镇正在重新焕发其青春活力。瑞丽在地理上有得天独厚的优势：毗邻缅甸，至南坎、木姐均数十公里的路程，通关方便，来往十分自由。缅甸政府关闭了密支那至腾冲、盈江的通道后，瑞丽是往返中缅最快捷、方便的通道。但云南的翡翠加工多为家庭作坊式的手工作业，生产规模很小，产品档次低，生产工艺粗糙，生产的产品缺乏新意，品种和款式多年一贯制，形成"一流原料、二流设计、三流加工、四流价格"，再加上云南的交通不便，云南海关部门对宝玉石原料的进口是采取看货估价的"从价计税"方式，使得在云南从事翡翠经营的总税费率达到20%左右，严重削弱了产业竞争力；加之云南口岸进口手续繁琐，地方上各种名目的关卡、检查较多，造成运输困难。更主要地，2000年以后，缅甸政府将翡翠原料的运输路径由陆路改为水路，这样，香港和广州就成了最理想的运输地。所以，从20世纪末开始，翡翠集散地向广东转移。

广东省坚持用"有所为有所不为"的理念管理珠宝玉石产业，玉石毛料的进口都是通过专业的公司，以建筑石料称斤论吨"从量计税"报关进口，关税税率仅为2%，综合税费约合5元/kg，几乎成了事实上的"零关税"。精明、团结、善于吃苦的广东玉商深入缅甸腹地购买翡翠原料，经常组团参加仰光的翡翠公盘，然后将原料运回广东加工。现在更是同香港和缅甸当地的玉商合作，在广东平洲办起了翡翠原料交易市场。昆明、瑞丽、腾冲、盈江等传统产业区的许多珠宝玉石的经营、管理、设计、加工、科研等方面的人才也大量外流转移到广东，使广东成为了重要的翡翠市场和翡翠加工中心，也是国内最重要的翡翠成品集散地。而云南的翡翠集散地的地位已基本丧失，现在，云南各地的翡翠市场已演化为旅游工艺品市场。

第二节　中国主要翡翠集散地

前已论及，广东是目前国内最大、也是最重要的翡翠集散地。历史上广东人便有爱玉、佩玉的习惯。自清康熙年间重设海关后，广东省广州市便成为全国珠宝、玉石进出口贸易中心，道光年间相继建有玉器生产六大行头，行头各自分工，如"崇礼堂"专业开料，"昆玉堂"专营玉料，"裕兴堂"专业管理玉业及摊档摆卖。

1929年至1936年间，广州玉作六大行头的从业人员达一万余人。自20世纪50年代起广州玉器有了新的发展，玉器品种有各种类型的摆件、首饰挂件、手镯等。改革开放后，在广东形成了四大玉器加工基地和贸易中心：揭阳市的阳美村、南海市的平洲、肇庆市的四会和广州市长寿西路以华林寺为中心的玉器街。近年来，深圳的翡翠市场也成长很快，但它作为深圳珠宝产业聚集区的一个补缺市场，短期之内还不会形成大的规模。下面分别介绍一下广东各翡翠主要集散地的产品特色和交易特点。

一、阳美翡翠交易市场

位于广东省揭阳市区西部的阳美村，素以“金玉之乡”著称。自1905年起，村民就从事玉器加工生产贸易，迄今已有上百年的历史。论翡翠的档次，首推揭阳市磐东区阳美村，这里是目前国内最重要的高档翡翠集散地。据统计，进入中国翡翠市场的80%的高档翡翠是在这里加工、交易而流入市场的。阳美村是一个仅有3 000余村民的乡村，其中有80%的村民从事翡翠加工和翡翠贸易。到目前为止，全村共有大小玉器加工及贸易店400多家，相当于全村550户的近八成。1997年，全村玉器加工贸易额超亿元。如今，阳美村已拥有大型油锯切割机、小型雕刻机等3 000多套先进的加工生产设备，他们还从全国各地聘请技术精良的工艺师在这里从事高档玉石的雕琢，大大提高了当地的玉雕工艺水平。

这里的玉商团结、能吃苦、敢冒险。他们经常自筹资金直接深入到缅甸矿山或到仰光参加翡翠公盘，购买翡翠原料，然后运回阳美加工，随后就地销售或转手销往台湾、香港等地。以前的翡翠交易多在家中进行，不仅规模小，也没有体现出产业聚集效应。2002年，阳美村委会在这里建立了“中国玉都展销中心”（图6-1），改变了以前的经营模式，将以前分散于家中经营的商户集中起来经营，形成了当地的特色产业。从2002年起，每年在这里举办一次“中华国际珠宝玉器节”，极大地提高了阳美在国际上的知名度，使之成为目前国内最重要的高档翡翠供应地。

图6-1　阳美中国玉都展销中心

随着阳美玉器市场在国内外知名度的不断提高，众多的本地和外地的玉商被吸引参与经营。近年来，翡翠市场规模也在不断扩大，兴建的翡翠交易市场已不能满足市场的需求，现在的翡翠交易市场已扩展占据原来的交易市场与阳美国际大酒店的所有商铺及周边十多栋住宅楼的所有一层。同时，原来在家中经营的部分商户仍在老宅中从事经营。这里的产品和经营有如下特点。

1.产品档次高

这里的玉商几乎垄断了国内高档翡翠的经营，即使是在其他市场上售卖的高档翡翠饰品也是批发商来此地进货，然后再转卖的。这里的翡翠交易已形成了产供销一条龙体系，有专业的原石采购商，常年深入翡翠矿区采购原料，更有大批队伍参与翡翠公盘，每当在公盘上遇到可赌性强的原石，常常数十人甚至上百人联合参赌；有专业的翡翠加工队伍，专门从事来料加工，且专业分工十分明确；有专业的销售队伍，除在本地展销中心交易外，更有专人组织货品直接销往香港。单件货品的价格一般在数千元至数十万元不等。交易中心外围也有少量低档产品，但这里也常常是假货聚集的地方。

2.经营品种全

这里的翡翠饰品包括各种类型的挂件、蛋面、手镯及各种类型的配件，也有少量的小摆件，但少见大型摆件。近年来，随着白玉时尚的兴起，也吸引了少数白玉商人来此地经营。在中国玉都展销中心经营的玉商以经营中高档翡翠饰品为主，单手货品一般货量较小，一块材料被加工成成品后，玉商会按照质量的好坏进行搭配，将一批货分成若干手，同一手货一般要求整手出货，如果从一手货中挑选若干件，价格就要比购买统货高很多。近年来，阳美玉器市场成长很快，除玉都展销中心以外，周边民房的一楼已几乎全部改为玉器经营场地，一部分由房东自己经营，另一部分对外招租，产品档次同玉器交易中心不相上下。以前的老民宅中仍然保持着前店后厂的经营模式，产品档次明显比交易中心低得多。由于老民宅的存在，使客商在这个市场上能够购买到各种档次的翡翠饰品。

3.信息传播快

阳美村本是一个农村中的自然村，人口居住相对集中，左邻右舍都比较熟悉，彼此之间能相互帮助，当多数居民开始从事玉器业时也能做到资源共享。在前店后厂的家庭作坊经营时代，一旦村里来了进货的玉商，他会进什么样的货、看货的水平如何、正在寻找什么样的货等，这些信息很快会家喻户晓，各家各户之间也会纷纷调货，满足玉商的需求。一旦玉商在某家进货时价格出高了，到其他家看货也不会进到低价的货，因为别人已知道你不会看价；而一旦进到了假货，大家都会把假货拿来卖给你，因为大家都知道你不识货。现在的阳美玉器市场已不同于从前，市场规模比以前大多了，但仍然沿袭着传统的习俗。所以，来这里进货一定要保持清醒的头脑，看货、出价都要谨慎从事，一旦出了什么差错，几乎所有的玉商都会知道你的看货经验和看货水平，再想正常地同这些玉商打交道难度就增加了。

4.要价惊人

玉器业本来就是一个考验玉商的经验和眼光的行业，不管在哪个市场上，批发商的开价都会高于成交价，阳美的玉商更是有过之而无不及。精明的阳美玉商通过几句话的交谈便会迅速判断出你的看货水平。而不管你的看货水平如何，他们的开价一定是高得惊人的，一旦进货商缺乏经验或讨价还价的信心和水平，很容易坠入他们的高价陷阱。有经验的进货商会从容不迫地开价，耐心地讨价还价，今天不能成交明天再谈，直到谈到合适的价格为止；没有耐心的进货商一看到自己喜欢的货品就会表现出志在必得的气势，不停地加价，最后就会掉入他们设置的价格陷阱。有时候即使价格出到位，他们也不会将货品卖给你，原因有两方面，一方面是他们希望你出更高的价，另一方面，与其以这一价格将货品卖给一个“生面孔”，不如卖给老客户。

5.也有B货充A货

在一般人看来，阳美村的玉器是自产自销，不会有假货，其实不尽然，这里同样是一个鱼龙混杂的市场，在一个以A货翡翠为主的市场里偶尔掺杂一些B货反而更有欺骗性。有些当地玉商在彼此之间的翡翠贸易中都可能忽略A货中掺杂少量B货的问题，更有少数在这里从事翡翠经营的玉商专门以欺骗为目的。据说20世纪90年代有一位从台湾来的李先生初次来阳美进货，由于对市场不是很熟悉，所以，每次进货都是小批量且固定在一家玉商手上进货，而供应商每次也如李先生所愿为其提供A货，在取得李先生信任后，李先生开始在他手中大量进货。在一次40多万元的交易中，李先生将货品带回台湾做检测，发现全是B货，于是，迅速返回阳美，找这位供应商退货，哪知这位供应商竟然怒气冲冲地说：“我不认识你，也从来没卖货给你，请你不要坏我的名声！”从此，这位李先生再也没有在阳美露面了。

现在的阳美翡翠市场比以前规范了很多，但仍然时有以B货充A货的现象发生，尽管可以找相关管理部门投诉并协助退货，但不可避免地会遭到货主或同行的挖苦与嘲讽，搞得自己声名狼藉，所以，应尽量避免这种事情的发生。

6.最好有熟人

以前的阳美玉商大多在家里经营，且专业分工较为明显，有些是专门从事手镯加工经营的，有些是专门经营观音、佛的，且每家的货品各有特色，如果对这个市场不熟悉，可能会花大量的时间和精力去找货且不一定能找到合适的，即使是在现在的交易中心经营的玉商也不会把货全部摆在柜台上。如果有熟人，情况就不一样了，他们很了解当地的情况，迅速帮你找到所需的货品，而且当价格谈判陷入僵局时，他们可以从中调解，协助达成交易。当然，他们会从货主那里收取千分之五的介绍费（这是阳美的行规），所以，有些玉商会认为，有了中介人，会提高进货成本，但对一个初次来阳美的玉商而言，还是十分必要的，一旦对这个市场熟悉了，就可以考虑自己找货了。

二、平洲玉器交易市场

平洲是广东省南海市东部的一个城区。平洲玉器加工始于20世纪30年代，当时平洲的平东一带，就已有小有名气的玉器世家，很多平东人掌握了玉器加工技艺。改革开放后，平东村发展村办企业，广州南方玉雕厂帮助平东人加工生产玉器制品，由于玉器效益好，经营玉器的人便逐渐增多，后来就遍地开花了。目前平东村有三百五十多户人家从事玉器业，基本上都是家庭作坊，它的主要特点是以加工中低档翡翠手镯为主。在平洲玉器街从东到西2 000余米的主要街道两边，既是玉器街市民的家，也是市民在家里开设的玉器店。是典型的前店后厂经营模式（图6-2）。也有专业加工的作坊，如专业的代客开料、代客雕琢、代客抛光等。这里有专业的玉石采购队伍，他们从缅甸和云南批量买回翡翠原料（一般为较低档的“砖头料”），一次买回10～30t，不到一周

图6-2　平洲玉器街的玉器店

时间就会销售一空。从事翡翠经营的人多了，就出现了集中经营玉器的市场。

平洲玉器的特色产品是玉镯。据测算，在中国内地翡翠市场上60%～70%左右的中低档手镯出自这里，有些甚至还返销回缅甸，可谓玉镯之乡。平洲玉器的年成交额超过亿元。每天到平洲采购玉镯等玉器的客商近千人次。平洲已成为我国规模较大的玉镯市场。从2001年开始，缅甸玉商与平洲玉石商会合作，在这里兴建了四个大型翡翠原石交易场，模仿仰光公盘的方式不定期举办翡翠原石拍卖会，为当地玉商购买翡翠原料提供了方便。绝大多数材料被用来加工手镯，加工的专业化程度也比较高。

平洲玉器市场的发展也有一个痛苦的过程。20世纪90年代初，翡翠B货刚出现的时候，平洲便成为了重要的B货翡翠加工生产基地，使本来已经很低档的翡翠市场演化成一个鱼目混珠的市场，生意日渐萧条。为了拯救这个走向衰落的翡翠市场，在当地政府的领导下，由当地的玉商联合成立了珠宝玉器商会，引入了翡翠原石交易，通过原石交易将四方来客吸引到平洲。平洲玉器商会抓住时机对平东玉器一条街进行改造和扩建，面貌焕然一新（图6-3），除满足本地从业者的经营需要外，还吸引了云南、福建等全国各地的玉商来此地经营。现在的平洲翡翠市场呈现出崭新的面貌：

1.原石交易有声有色

近年来，平洲的原石交易可谓一大特色。在当地政府的支持下，平洲成立了玉器商会，在全国各地吸收了一万多名会员，取得会员资格的玉商都可以持会员证参加在平洲举办的翡翠原石交易会（图6-4）。交易会在商会的统一协调下由

图6-3 平洲玉器街

图6-4 平洲翡翠原石交易场

各原石交易场轮流举办。交易方式类似缅甸翡翠公盘（见第七章），但比缅甸翡翠公盘更加灵活。一般是前两天为看货和投标时间，后两天为开标时间，开标结束后，未被标出的原石还可以通过讨价还价的方式进行交易。平洲的原石交易是近年来使这个市场增加活力的主要原因。

2.产品档次迅速提高

平洲翡翠原石交易不仅为这个市场带来了新的活力，也迅速提高了这里的产品档次。以前这里专门经营低档玉器，少见高档产品，即使在原石交易中偶尔开出好料，也会通知揭阳玉商前来收购。现在的情况完全不同了，平洲玉商深知，做低档产品是不可能获得高利润的，他们在商会的领导下结队参加缅甸翡翠公盘，将买回的原料进行深加工，多数产品就地销售，使这里的产品档次大幅度提高。以前四处可见的砖头料做成的产品已不再是市场的主体了，现在更多的是色、种俱佳的中、高档产品。

3.产品类别更加齐全

以前的平洲玉器市场是一个以低档手镯为主的市场，由于人气的聚集，市场规模的扩大，精明的云南、河南、福建玉商也来这里摆摊设点，改变了传统的以手镯为主的市场格局，丰富了经营的品种。现在的平洲玉器市场除了各种档次的翡翠手镯以外，花件、戒面、项链等应有尽有，产品档次也不尽相同，这里往返广州交通方便，是玉商理想的进货地点。

4.货品真假商会监督

2002年以前的近十年间，B货翡翠在平洲市场上十分泛滥，是国内B货翡翠的主要加工地，有近一半的商户从事B货翡翠的加工和经营，2000年以后，在珠宝玉器商会的引导下，这种状况逐步得到改善，大部分商户经营A货翡翠，产品真假由珠宝商会负责监督，但仍不时有以B货充A货的现象。一旦发生这种交易情况，可以在商会的协助下得以妥善解决。

5.货品价格略有优势

平洲是传统的玉器批发地，每天都有大量的翡翠手镯等玉器饰品从这里流向全国各地，这里的经营成本也较低，所以，同其他集散地的批发商相比，这里的多数商户报价比较务实，一般比成交价稍高一些，只要是批量进货，稍加讨价还价便可以成交，特别是翡翠手镯，这里的价格会更有优势。当然，这里的商户习惯于做批发生意，如果是从整批货品中挑选若干件，价格同样非常贵。

6.产品工艺有待提高

平洲以前是一个以中低档手镯批发为主的市场，多数商户从事手镯批发业务，少数经营观音、佛及花件，产品也属中、低档次。近年来的市场格局发生了变化，产品类型向多元化发展，产品档次也在提高，但除少数商户外，产品的工艺水平没有明显的提高，为了降低成本，许多中、高档材料也施以普通的雕琢工艺，大大降低了产品的工艺价值。

三、四会翡翠交易市场

肇庆的四会是国内最重要的翡翠花件、佩饰、大型雕件的加工交易中心。以前这里少有专业的玉料采购队伍，他们一般从南海的平洲买回平洲玉商加工手镯的边角余料，用来加工小挂件。因此，生产翡翠生肖、观音、佛便成了这里的特色，其次是翡翠摆件，少有高档翡翠饰品。代客加工也是这一市场的特色，许多当地玉商仅将玉料雕琢成半成品便等待买主，由买主自己找厂家抛光或由货主代理找厂家抛光。这里的翡翠交易成行成市，颇具规模。在四会市各区各镇到处有分散在各家各户的玉器小作坊，四会市城东500m长的一条巷子里，有500多户玉器商铺，形成名闻海内外的四会玉石街（图6-5）。四会玉器市场由玉石街、玉器城和天光市场（图6-6）三大板块组成。玉石街是鳞次栉比的玉器小店铺，每户不过一二十平方米面积。玉器城是一幢一幢的多层楼房，底层是玉器店堂，楼上是店主的住房，有的玉器加工厂也在其中。三大板块中最别具一格的是天光市场，它是一个农贸集市型的玉器地摊市场，每天凌晨3点钟便熙熙攘攘，早晨7

图6-5　四会玉石街

图6-6　四会天光市场

点钟左右收摊散市，营业时间从天将拂晓到天亮，故称天光市场。每天有二百多个地摊，聚集在紧靠玉石街、玉器城的马国公园边做玉器生意，前来批货者大多隔夜抵达四会，清晨来到天光市场交易，采购后就近搭上汽车，只一个多小时即可到达六十多公里外的广州，将批发来的玉器当天便转销出去。它的经营特点是：

1.货品以小挂件和工艺摆件为主

以前的四会翡翠市场以产品低档而著名。平洲玉商的说法是：平洲人购买的翡翠原材料，高档者卖给揭阳人，中低档材料留给自己加工手镯，剩下的边角余料再卖给四会人做小挂件。据统计，国内市场上出售的低档观音、佛及小花件60%以上出自四会。由于原材料价格较低，又有相对较低的人工成本和经营成本，所以这里的小挂件以相对低廉的价格吸引国内的玉商，许多玉商纷纷来此批量订货或委托加工。大中型摆件也是这里的特色，其中不乏工艺精良者，如果细细观赏和挑选，可以找到很多心仪的货品。

2.货品多不经抛光便出售

精明的四会玉商对每块玉料都会做认真的分析，然后决定如何处理，使雕琢的成品能卖出更好的价格。对任何一块原料，他们都会推测抛光后的效果如何。如果会增值便加以抛光，否则便以半成品出售。比如说有些材料中有裂纹或石花，如果加以抛光便会暴露无遗，不经抛光可能更好出手。当然，不经抛光便出售也可能是为了降低成本。但无论如何，购买没有抛光的半成品一定要仔细察看，最好是放在水中湿润后再从各个方向上仔细观察，看清楚内部特征再决定是否购买。

3.雕琢工艺大多十分粗糙

由于四会的产品比较低档，为了尽可能地降低成本，大多会采用粗劣的雕工，特别是生肖挂件，雕工十分粗糙，不具工艺价值。近年来部分产品档次有所提高，但雕琢工艺没有大的起色。有些玉商甚至引入高新技术，提高加工效率，如将超声波技术用于雕琢、将振动抛光技术用于小雕件的批量抛光等。现代技术固然能提高加工效率，但会影响首饰工艺，特别是超声波抛光技术，批量抛光固然提高了加工效率，但会导致工件的变形，有些部位（如凹陷部位）不能得到很好的抛光。

4.天光市场考眼力

俗话说“灯下不看玉，”但在天光市场则必须在灯下看玉，因为这里天未亮便开始经营，早晨便收摊了，所以，在灯下看玉本身就是对进货商看货能力的一种考验。如果没有丰富的看货经验，对翡翠颜色、种质的判断很可能与实际效果有较大的出入；再加上多数产品没经抛光，其中的毛病可能不会被发现；这些问题可能会导致进货商对价格的错误判断。更主要的，这里常常有以B货充A货的现象发生，一旦看走眼，可能蒙受较大的经济损失。这里的摊贩流动性很大，再加上是夜晚经营，买错了货可能连摊主都找不到，所以，在这里进货存在一定的风险，必须时刻保持清醒的头脑。

四、广州玉器交易市场

广州人经营玉器始于19世纪中晚期，到清代乾隆年间已在长寿路一带有一定的规模，传统的玉器街是指以长寿西路为中心的玉器产业聚集区。

相比之下，广州玉器街的翡翠市场规模更大，品种更全，历史更悠久。以前，该地翡翠市场主要集中在华林寺周围，规模较小，经营较混乱。近年来的玉器市场迅速地扩大，在康王路与上下九路步行街之间、长寿西路两侧形成了目前中国内地最大的、也是亚洲规模最大的玉器交易市场。由华林寺大街、新胜街、华林玉器广场、华林国际珠宝交易中心和华林珠宝玉器城等五大块组成。

图6-7　广州玉器街

图6-8　华林国际珠宝交易中心

最初只是本地居民在自己家里摆摊设点，售卖翡翠饰品，逐步形成了以华林寺大街和新胜街为中心的玉器交易市场，室内及大街上布满了售卖玉器的摊点。20世纪90年代末，当地政府对玉器市场进行了修整，引导玉器商户入室经营，使华林寺大街成为玉器交易的主体（图6-7），并在华林寺旁建立了近3 000m^{2}的珠宝玉器交易大厅，使经营环境大为改观，广州玉器交易市场初具规模。2004年10月，华林珠宝玉器城开张，随后，华林玉器广场、华林国际珠宝交易中心（图6-8）相继开业，使经营玉器的商家增至4 000余家，经营规模的扩大吸引了更多的翡翠零售商来此交易。目前，华林大街仍是主要的翡翠市场，几个室内交易大厅的建立使原来沿街摆摊的玉商大都搬入室内经营。在此经营的玉商大多来自广州本地、福建、河南或揭阳。经营的翡翠品种高中低档、ABC货应有尽有，价格高至几十万元一件，低至数百元一堆。每天早晨十点至下午五点，来自全国各地的玉商在这里寻找“对桩”的货品，更有来自香港、台湾等地的玉商。新胜街玉市以低档翡翠、其他玉石和古玉仿制品为主，总体来说，广州玉器街的翡翠饰品有如下特点：

1.产品种类应有尽有

广州玉器街是目前亚洲最大的珠宝玉器交易市场，原有的华林寺大街和华林珠宝玉器城以经营各种类型的翡翠饰品为主，高中低档产品应有尽有；华林玉器广场以经营低档翡翠饰品及工艺品为主；华林国际珠宝城则以中档翡翠饰品、白玉饰品、琥珀饰品及其他工艺品为主；长寿西路以北的新胜街在2 000年以前主要经营仿古制品、鸡血石、寿山石工艺品，现在的产品类型十分复杂，有高中低档的翡翠饰品，也有各种仿翡翠工艺品。新胜街及与华林国际玉器广场的中间地带仍然保持着传统的地摊经营风格，产品以翡翠为主，还可见到各种翡翠仿制品。单从翡翠制品的种类来说，大到各种类型的摆件，小到各种戒面、挂件、手镯，产品种类十分齐全，但也是假货最多的地方。

提到这里的产品种类，我们不得不介绍一下玉器交易市场以东的另一个珠宝特色产业聚集区——荔湾广场。这里是中低档宝石饰的集散地，广州周边的珠宝企业大都在这里设立批发点，经营品种以水晶制品、玛瑙制品及石榴子石、碧玺半成品为主，还有来自浙江的珍珠经营商户和广东省内的银饰加工企业也在这里建立门点，从事批发业务。从一楼到四楼，上百家企业云集于此，大大丰富了这里的产品类型。

2.产品档次有高有低

广州玉器交易市场作为亚洲最大的玉器交易市场，吸引了全国各地的玉商来这里经营，各地玉商投入的资金规模不同，经营的产品档次也不同。这里的玉商主要来自河南、福建和广东本地，一般来说，广东本地的和来自揭阳的玉商经营的产品档次最高，其次是河南玉商，福建玉商的经营档次较低，在外围地摊上经营的玉商以福建玉商为主。从产品来源来看，有本地加工的产品，更多的是从揭阳、四会、平洲等地采购，在这里从事转手贸易的。可以说，这里聚集了各主要翡翠集散地的高中低档产品，档次高者单件货品价格数十万甚至数百万，档次低者几十元至几百元。如果进货商在进货时需要节省时间或者需要配置各种类型的货品的话，这里是最理想的进货地。当然，这里更多的货源是二手货源，进货价格可能略高于其他集散地，但也有人认为，进货价格的高低取决于看货人的眼光和谈判水平，如果水平有限，在哪里都进不到合适价格的货。

3.产品工艺良莠不齐

由于这里的产品来自各主要翡翠集散地，所以这里也是我国各地玉器工艺特色和水平的展示地。这里有工艺水平较好的揭阳工，有相对较逊的广州工和福建工，还有较差的四会工、河南工。当然，随着工艺师人才的流动和各玉商对工艺水平要求的不同，各地的工艺水平已无决然的差别了，哪里都有好工，哪里也有差工，雕工的好坏会影响到产品的价格高低。更会影响到产品的销售。我们要学会鉴赏玉器工艺的优与劣。

4.翡翠A、B、C货区别分明

在华林寺玉器街销售大厅和华林玉器城从事玉器交易的商户大都只卖A货，卖假货的商户会受到商场的处罚。但这里的货品价格比较高。据说在销售大厅内一米柜台每个月的租金都要5 000多元，经营成本相对较高。玉器街也有专门从事B、C货经营的玉商，但这些货品的特征十分明显，稍有翡翠鉴定常识的玉商一眼便可认出，如果实在不能确定货品的真假，可以直接询问批发商，批发商也会如实相告。所以在这里进货不用担心受骗上当，当然，在其他几个板块采购时，问题就不那么简单了，一些玉商A货和B货混杂销售，如果询问货主货品的真假，他们大多会说明真实情况，也有少数不法玉商打着专营A货的牌子，干着贩卖B货的勾当。特别是在地摊上采购时，尤其值得我们警惕。

5.产品报价相对务实

随着广州玉器交易市场规模的不断扩大，入驻的商户越来越多，市场竞争越来越激烈。在这里经营的商户无形中要承担巨大的压力，他们要生活、要养家，更要承担不断上涨的柜台租金，客户的分散使有些商户常常几天不开张，在这种情况下，多数商户成交的心情十分迫切。所以，一般来说，他们不会同其他集散地的商户那样漫天要价，开价相对比较务实，只要稍有利润他们都愿意成交，希望资金能够快速周转。当然，对于老客户和新客户，他们的开价还是会区别对待的，对于经常在这里“露脸”的老客户，他们的开价会与成交价更接近一些，且只要稍有利润就愿意成交，目的是希望保持良好的主客关系，以后更多地从事业务往来，而对于“生面孔”他们的报价可能会高一些，目的当然是希望获取更大的利润，这本身就是对初入行的经营者的考验。

从以上分析我们可以看出，中国目前主要翡翠集散地已转移到广东，而广东的四个市场亦有各自的特点。但有一点是共同的，那就是无论哪个市场都有B货翡翠的存在，尽管近年来市场监督部门加强了对翡翠市场的监督管理力度，但以假充真、以次充好的现象仍然屡禁不止，需要我们在翡翠经营过程中时刻保持清醒的头脑，不断参加市场实践，提高鉴别能力，总结一套识别真假及仿制翡翠的有效办法。只有这样，才能保证我们在翡翠经营中尽可能少上当或不上当。

第三节　其他翡翠集散地

除广东之外，河南的南阳、云南仍然在玉器市场中占有一定的地位。

河南的南阳曾经是我国重要的玉石之乡。直到现在，在河南的南阳、镇平等地，玉器产业仍然是当地主要产业之一。河南有上万人的玉器从业大军，分布在全国各地从事玉器经营，可以说哪里有玉器市场哪里就有河南玉商。河南有很好的玉器人才和技术储备，他们从事玉器经营的历史与河南南阳产独山玉有关。改革开放以后河南玉商主要以生产和销售独山玉、岫玉为主，也有少数玉商从事翡翠饰品经营，但档次低。随着独山玉、岫玉资源的日益减少以及白玉时尚的兴起，在河南本地经营的玉商迅速将主要精力转向白玉的生产和销售，翡翠饰品在这个市场中始终占据次要地位。

河南的翡翠饰品主要集中在南阳市镇平县的珠宝玉雕大世界和石佛寺玉器交易市场。部分产品由当地加工，部分产品是经广东市场转手在这里再次批发的。产品档次低，单件货品的价格常常在数十元至数百元之内，少见单件上千元的翡翠饰品，且常常是A、B、C货混杂，经营者的诚信应该受质疑，但这里的翡翠摆件有一定的价格优势。虽然河南的雕工被认为是最差的，但稍有档次的材料也会施以不错的雕工。

云南虽然已不是重要的翡翠集散地，但其地理上的优势常会吸引一些中缅玉商在这里从事翡翠交易。腾冲、芒市、瑞丽等地的翡翠市场仍有一定的规模，但与广东相比，无论是规模上还是档次上都不能相提并论。在瑞丽珠宝城（图6-9），2000年以前这里还是门庭若市，而现在已经是冷冷清清了，且在这里购买翡翠处处充满陷阱，B货、C货严重充斥市场，经常会有一些缅甸玉商拿一些镀膜的B货翡翠、甚至是仿冒品诱骗客户，许多游客都在这里受骗上当。在这里从事翡翠交易，　定要谨慎、谨慎、再谨慎。

图6-9　瑞丽珠宝城

第七章　翡翠原石交易

缅甸所产的翡翠原石有两种：一种是从翡翠矿山直接开采出来的，形状不规则，没有外表皮，结构粗糙疏松，质量表里如一，这种翡翠原料称为山料或新坑玉；另一种是经过地质风化作用和河水搬运至河谷、河床中的翡翠大砾石（直径在数厘米至数米之间），这种翡翠原料称为仔料或老坑玉。仔料形成的地质年代更早，经过数万年的风化作用而作为砾石保留下来的一般是质量较好的翡翠原料。它们一般质地细腻，透明度高，常常是出高绿的原料。但它们都有一层厚薄不等的风化表皮，由于风化表皮的遮挡，看不到内部的情况，人们只能根据表皮的颜色、花纹、颗粒粗细程度与原料质量之间关系和在局部开的“门子”（即去掉原石表面局部的风化表皮，形成一个小窗口），凭自己的经验来推断原石内部质地的优劣及颜色变化情况。这就使得翡翠原料交易中，对品质的鉴别成为一件颇为困难的事。因为仔料的内部质量与风化表皮之间的关系十分复杂，这种判断存在多种不确定性，以这种判断方式购买翡翠原料存在着巨大的风险，这样的交易颇似赌博，所以人们将带皮的翡翠原料称为赌石、赌料或赌货，这种商业行为也称为赌石。

既然是赌，那就谁也没有必胜的把握，就是经验老到的行家，也难免有看走眼的时候。然而赌的刺激，赌的神秘和一赌为快的乐趣驱使众多的人去从事赌石业。因此，有人一夜暴富，转眼变成百万富翁；有人顷刻间可以倾家荡产，由百万富翁变成穷光蛋。这种事屡见不鲜，于是有人说赌石是疯子生意，“疯子买、疯子卖、还有疯子在等待”，可以说是入木三分地刻画了翡翠赌石行当的真实状态。其过程虽无声，但确是惊心动魄的，也为我们留下了许多传奇的故事。

历史上赌石多是开“门子”的原料或完全看不到内部情况的“蒙头料”，现在的赌石主要由缅甸政府以所谓“公盘”的方式进行。公盘是“缅甸珠宝玉石交易会”的简称。公盘与过去的赌石是有区别的，公盘上的翡翠原石大多已被切开或开有“门子”甚至完全去除了风化表皮；出价方式也不一样，公盘是以投标的方式，以价高者得为原则，表面看来非常公道，实则同样存在巨大的风险。赌石需要丰富的经验、敏锐的眼光、良好的心理素质、深邃的智慧和独到的技术。在这里，我们仅从认识赌石的结构入手，简单了解翡翠原石的交易常识。

第一节 翡翠赌石的结构及皮壳种类

仔料都有一层粗细、厚薄不同的外表皮，而且外表皮具有不同的颜色，这是由于在遭受风化侵蚀过程中，不同原石的内部结构、所含的杂质和外部的地质环境不同而形成的。皮壳是赌石的重要特征和依据，也是判断赌石是否具有赌性的重要依据。

一、翡翠赌石的结构

自然界的风化作用由表及里，形成了翡翠赌石的独特结构：最外皮是近乎完全风化的风化层，通常称为“皮”；皮下面可形成半风化层，通常称为“雾”；半风化层之下才是未经风化的翡翠，称为“肉”（图7-1），肉才是赌石的主体。

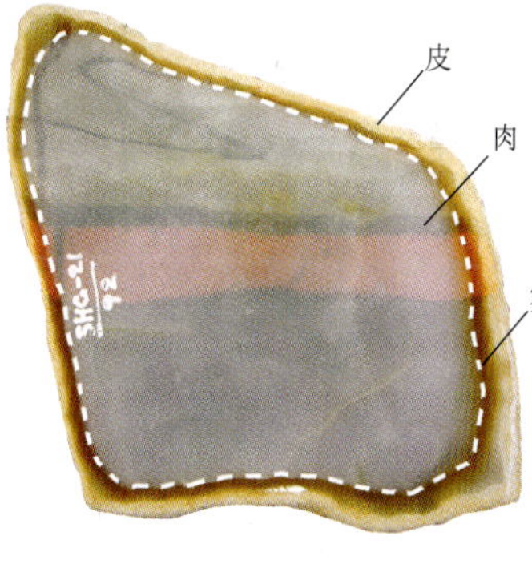

图7-1 翡翠赌石的结构

二、翡翠赌石的皮壳种类

从不同的角度对翡翠赌石的皮壳进行分类，可分为不同的类型：

(1)按皮壳的颗粒分：翡翠结晶颗粒的粗细不同，经风化以后形成的皮壳粗细也不同，按照颗粒粗细的不同可分为粗砂皮和细砂皮。

(2)按皮壳的颜色分：翡翠外皮的基本颜色有白色、黄色、红色、棕色、褐色、灰色和黑色。一般色泽淡，颜色的界线也并不明显，而常常表现为淡白色、灰白色、黄白色、浅黄色、土黄色、米黄色、暗黄色、黄红色等。

(3)按皮壳的外表特征分：砂皮、蜡皮、锈皮和油性皮等。

常见的翡翠赌石皮壳的类型如图7-2所示。

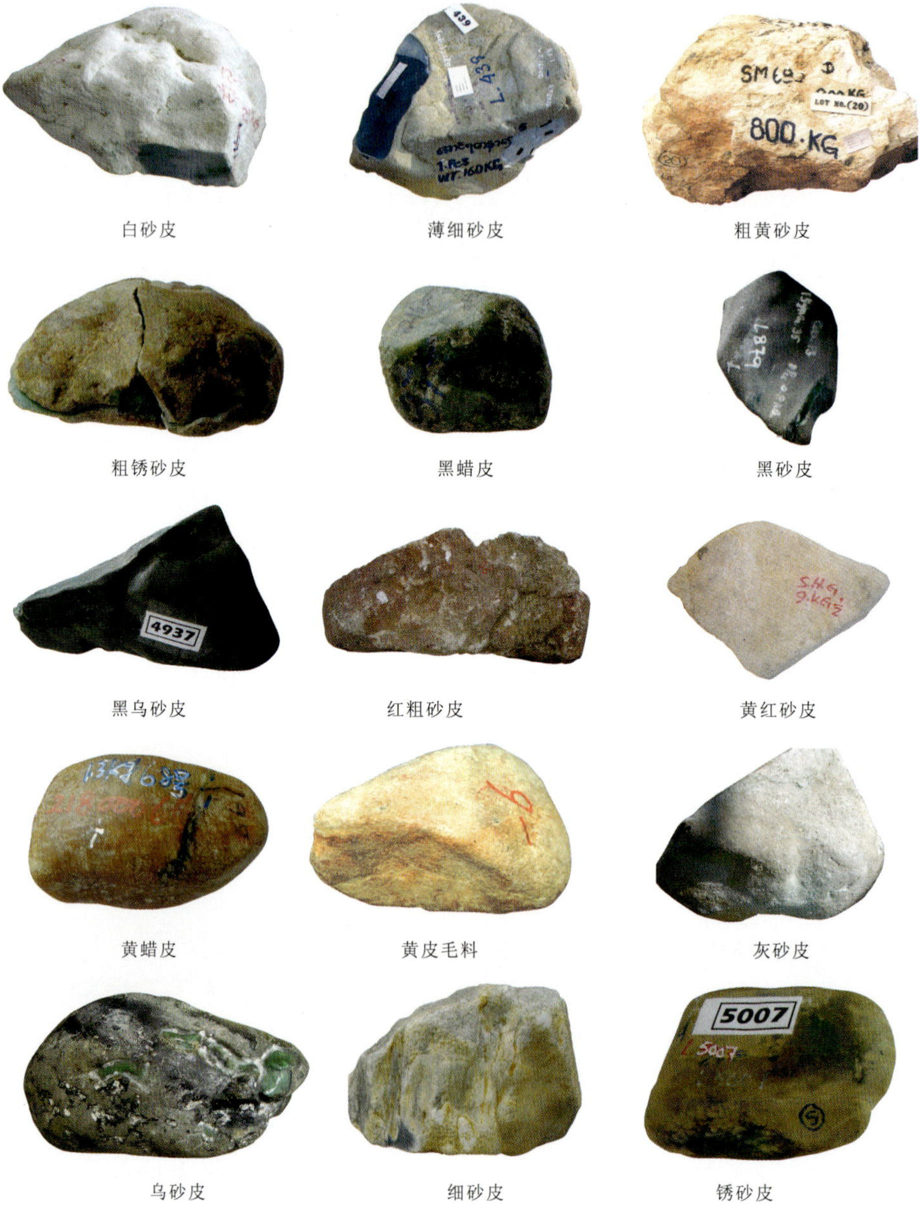

白砂皮　薄细砂皮　粗黄砂皮

粗锈砂皮　黑蜡皮　黑砂皮

黑乌砂皮　红粗砂皮　黄红砂皮

黄蜡皮　黄皮毛料　灰砂皮

乌砂皮　细砂皮　锈砂皮

图7-2　翡翠赌石皮壳的类型

第二节　翡翠赌石的类型

一块未开“门子”的翡翠仔料，除了形状、重量和外表外，谁也说不清里面是什么，只有将其切割开，才能有真实的结论。赌石的人根据皮壳的特征和自己的经验，反复进行猜测和判断，当有两个以上的人提出不同看法时，便产生了赌。切割石头，行内称为“解石”或“切石”。切割后出现了好的种份或绿色，称为“赌涨”，反之便是“赌垮”。赌的内容很广泛，一般说来包括如下几种。

一、赌色

翡翠是“以色为上、以绿为贵”，绿色是决定翡翠价格的第一要素，因此，一块翡翠原料是否有颜色历来是赌石者首选的内容。

尽管由于翡翠赌石的外表皮的遮挡，赌石人不能看到内部是否有颜色，但可以根据表皮上的蛛丝马迹对内部的颜色情况加以判断。但既然是判断，就有很多不确定因素，即存在赌的成分。有经验的玉商赌色最重要的依据无外乎有两点：看表皮上蟒和松花的表现。所谓蟒（图7-3），是在赌石表面出现的与其他部位不同的细砂形成的不规则细条或团块，也就是说在石头上突然出现一条、一片、甚至缠绕大半个石头的不同砂粒排列的表皮，这部分表皮与其他部位在颜色、粗细等方面有差别；松花是翡翠的颜色遭风化后在皮壳上表现的点状、柏枝状、蚯蚓状等各种形状，其分布有疏有密，有断有续，是赌石内部的颜色在表皮的具体反映，是赌色的重要依据。但如何根据蟒和松花判断赌石内部是否有色以及颜色的深浅、浓淡、正邪，迄今为止的各种专著中从未做过系统的总结，这也是玉商从不吐露的秘密。可能是因为蟒与松花和颜色之间的关系十分复杂的原因。

图7-3　翡翠原料上的蟒

即使在原石上见到蟒和松花，并不代表内部一定有颜色。一些赌石上开有门子（水口），皮或水口表现有色而解开后无色

图7-4　切开的翡翠原石

图7-5　地的变化

或少色；皮或水口表现为正色而解开后是偏色；还有颜色在内部的延伸情况也是复杂多变的，“神仙难断寸玉”在很大程度上也是说玉的颜色变化无常，使赌石充满了变数和风险。即使是如图7-4这样被切成两半的玉料，其颜色走向也很难判断，据有赌石经验的人士分析说，这块原石未切开之前表面的颜色表现可能是一条线，而切割面正好是颜色的分布面，所以切割面上看起来有很多颜色，其实并没有延伸进入内部。

二、赌地

即赌翡翠的质地。一般来说，赌石表皮颗粒的粗细是翡翠结晶程度的反映。表皮颗粒越粗，表明翡翠结晶颗粒越粗，透明度也一定不好；较细腻的皮，翡翠的结晶颗粒也较细，透明度也较好。但一块玉料，不同部位的质地会发生变化，即从表皮分析，原石结晶细腻、水头好、无杂质，但内部质地可能会变得粗糙、水头变差，亦会出现杂质，照着表面特征去出价就会赌“跌”。如图7-5所示的原石，表面看起来有颜色且质地不错，解开后确实有颜色但延伸不长，而地子已变得满是石花了。

三、赌场口

场口即按行政区划或地名对出产翡翠原石的坑口进行的命名。著名场口包括：龙肯场区、帕敢场区、香洞场区、达木坎场区、会卡场区、后江场区、雷打场区、南奇–小场场区。有些场口所产的翡翠原石外观相似，但品质迥然不同，有些场口的原石是出高绿的翡翠原石，而有些外观相似的其他场口所产的原石则是偏色或无色。识别翡翠原石的场口是赌石的基本功，在没搞清翡翠的场口的情况下盲目地赌是非常危险的。

四、赌雾

赌雾实际上也是赌质地，只不过原石开有水口，能观察到肉、雾、皮的关系罢了。根据皮、雾做出的判断在原石内部发生了变化也是赌。不同颜色的雾层表明内部颜色的深浅和浓度，同时又表明质地的粗细或透明度。一般认为，优质玉料的雾薄而透，若雾层较厚，则原石的质地粗、水短，但原石内部的质地是可能发生变化的，仅靠水口观察到的特征同样有赌的成分。如图7-6所示的翡翠原石，从水口看皮薄、水长、有颜色，谁知道内部的情况又如何呢？

五、赌裂

玉料内部是否有裂纹在原石外观上是有反映的，有裂纹的位置一般风化侵蚀较快，会在较大裂纹的方向上形成凹陷，纵横交错的小裂纹则会使原石的表面被侵蚀得凹凸不平。玉中的裂、石纹对玉的用途产生很大的影响。大裂纹是否进入了内部、原石内部小裂纹或石纹是否发育等对裂纹发育程度的判断也就成了赌的内容。如图7-7所示，小裂纹进入了原石内部，则这块料就基本上没有什么价值了。

图7-6 皮雾均薄的翡翠原石

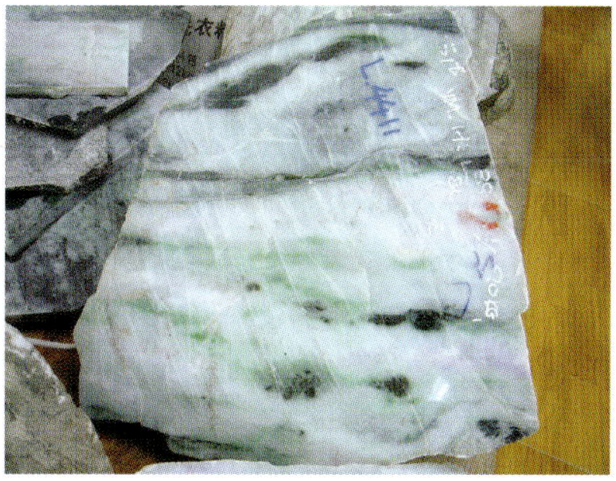

图7-7 切开的翡翠原石

六、赌癣

癣，即在翡翠原石表面出现的大小不等、形状各异的黑色、灰色斑块。一般来说有癣易有色，但同时癣又吃色。然而睡癣多停留在原石表面，对翡翠颜色的危害不大；直癣容易钻进原石内部，影响翡翠的颜色和质量。癣的存在表明原石可能有色，但同时对翡翠的质量又可能产生负面影响，对其走向和影响的判断便是赌。如图7-8所示的翡翠原石，癣完全进入原石的内部，再好的颜色也没有什么价值了。

七、赌设计

在仰光公盘或平洲玉石交易会上，我们常常会看到一些已被完全切开的小翡翠原料如图7-9所示，这些原料的质量已非常透明了，是否就不存在赌的成分了呢？其实，仍然存在赌的成分。那就是看谁有匠心独运的设计技巧，将这块材料利用好，最大限度地体现出其价值。谁的设计独道，就会在石头中寻到商机。

图7-8　进入原石内部的癣

图7-9　一组切开的翡翠原料

第三节　翡翠赌石的方法

总体说来，翡翠赌石有两种方法。一种是暗赌，即赌从矿山上开采出来的蒙头料。传统的赌石都是此类，但如果不见颜色是不能论输赢的，因此必须以一定的方法体现赌的结果。于是便出现了擦石、切石、磨石等具体的赌法；另一种方法是半明半暗的赌。即在暗赌的基础上，原料已被擦出水口或被切开但还未切割彻底，要完全看到其价值仍然有赌的成分。所以，赌石是从赌蒙头料开始的。

购买蒙头料必须具有丰富的经验。行内说“多看少买”既指成品的购买，也指赌石的购买。多看，是要看出赌石的门道，培养赌石的眼光，搞清楚什么样的原石可赌，哪些场口的原料可赌，原料上有什么样的表现才是可赌的原料等。可赌的前提必须是场口好、皮壳好，有好的质量表现特征，否则赌起来无益，不如明买正卖，做稳健的生意。

图7-10　翡翠原石（重1 188kg）

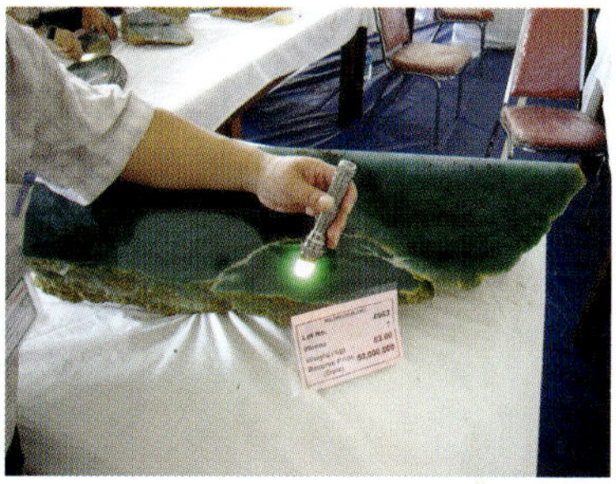

图7-11　切开的原石之一

图7-10是一块于2006年在帕敢开采出的翡翠原石，重1 188kg，2006年10月的仰光翡翠公盘上被公开展出并询价，如此大个头的高档翡翠原石吸引了众多参观者的目光。从已打开的水口来看，这是一块颜色、质地均不错的原石，内部情况如何呢？谁也看不清楚。由于涉及到的资金巨大，谁也不敢轻易参赌。据说后来有一玉商出了一个保底价，让石主将这块原石切开，如果价值低于保底价，则由玉商认亏，如果高于保底价，高出部分由玉商与石主共同分成。于是，这块原石被分割成11块，分7组进行拍卖，2007年7月的仰光公盘上即售出5组共9块，售出价约1亿欧元。据说购买这5组原石的玉商全部亏损，2007年11月的公盘上，余下的两组原石（如图7-11所示）尽管仍然十分吸引玉商的眼球，但已经没有人再敢出手了。

参赌这块原石的玉商之所以出现亏损，并非这些玉商没有赌石的经验，主要原因是近年来高档翡翠原料的稀缺所致。很多届翡翠公盘都没有出现过如此大块的高档翡翠原石了，当这块原石一露面，便吸引了众多玉商的目光，为了得到这块原石而非理性地竞相加价。无论如何，这块在仰光公盘上轰动一时的原石创造了一种新的赌石方法，一种玉商与石主共担风险的方法，这是一种赌石的特例。一般说来，传统的赌石方法有三种，即擦石、切石和磨石。

一、擦石

擦石是一条古老的方法，效果好又安全。买来的蒙头料表面有颜色的表现，如果颜色部位没有找准就下刀切割，会把绿色“解”跑。很容易赌输，因此应以擦石的方法找准颜色出现的部位。擦石主要是看雾、地和颜色，因为有了擦口就可以利用强光照射察看原料内部的情况，判断绿色的深度、宽度和浓淡程度，擦石的目的只有一个，就是找到颜色出没的位置。

擦石一般是用工具在原石表面擦出一个火柴棒大小的缺口，如果见到绿色，即表明是赌涨，通过缺口观察，如果绿色的面积还可能更大，便继续擦，直到擦出表面可能出现的所有颜色。一些保守的玉商一看到擦出颜色（即赌涨），有利可投，便马上转手，下一个买家买来后便继续擦，擦出了更多的颜色便再次转手。如此下去，一块赌石可以经历数次交易，只到有购买者愿意将其切开，方知最后的输赢，“疯子买、疯子卖、还有疯子在等待”的说法正是出于此。如果在擦石的过程中出现判断失误，并没有擦出颜色或向四周追颜色时已经到了尽头，投机的玉商会采用特殊的方法将擦口弥合起来再次转手，如果不被下一个购买者发现，那么购买者可能成为受害者。

二、切石

行话说：“擦涨不算涨，切涨才算涨。”切石是赌石最关键的步骤，输或赢的结论只有把石头剖开之后才能认定。有些赌石商人，只要擦石见涨，他就转手出让，让别人往下去赌。因为继续擦或是动刀切割，风险将会更大，涨与垮仅在毫厘之间，可见切石是非同小可的。一种原始的切割方法是用弓锯压砂，缓慢地把石头锯开。若发现不能继续切割时，便于采取挽救措施。现代切割方法是用玉石切割机，切割刀片上镀有金刚砂层，切割准确迅速，但是夹具夹着石头泡在油里或水里不容易看到切割过程，完全剖开才能知道输赢。下刀切石首先要找准部位，一般是从擦口处或是从有蟒的地方下刀，也可以从松花或是顺裂纹下刀，当切第一刀不见颜色时，还可以切第二刀，第三刀。行话说：一刀穷，二刀富，指的就是切石要切彻底，第一刀不见绿，第二刀可能见绿。

三、磨石

磨石是为了抛光，把透明度完全表现出来，这样能使人看到它的颜色好或种份好。磨石的一种方法是将赌石上的擦口、小缺口进行打磨和抛光，从擦口上展现石头的颜色或水头，但是还有其他部分仍是未知数有较大可赌性。另一种方法是将赌石的一端切下一小片，并将切割面进行打磨和抛光，可以更好地观察到翡翠赌石内部的颜色和水头的情况。

第四节　翡翠赌石的真伪及识别

翡翠赌石的风险不仅在于翡翠赌石本身，更在于赌石的做假。由于利益的驱使，翡翠赌石做假的方式也是层出不穷。传统的做假方法与现代技术的结合，使赌石造假几乎可以以假乱真，具有很大的欺骗性，使翡翠原石交易布满了陷阱。下面介绍几种常见的翡翠赌石造假类型及识别方法。

一、以其他砾石充当翡翠仔料

以其他砾石充当翡翠仔料的情况非常普遍，且手法也很多。一是用与翡翠外观相似的砾石充当翡翠仔料，如水钙铝榴石、水沫子等。这类仿冒品相对而言较容易识别。两者的表皮均与翡翠类似，但水钙铝榴石砾石的表面色斑呈黑色、点状分布，若开有门子，可发现不具备翡翠的结构构造，颜色特征也与翡翠截然不同（如图7-12）；水沫子的主要成分是钠长石，相对密度比翡翠小，拿在手里会明显地感觉到比翡翠仔料轻（有条件时测其相对密度是最有效的区分方法），若水口观察内部，砾石为粒状结构；水沫子成品的颜色漂，

图7-12　水钙铝榴石原料

无色根（如图7-13所示），观察成品更加清楚（见图5-13）。随着经验的积累，这类砾石是不难区分的。

第二类是用大理石、萤石、石英岩、花岗岩等砾石冒充翡翠仔料。当然直接用它们冒充翡翠仔料是很容易鉴别的，为了遮人耳目，作假者会为这些砾石做上假皮，具体方法是用各种胶合剂混以翡翠颗粒，将混合物涂抹到砾石的表面。

第三类是用劣质的翡翠山料冒充翡翠仔料。先将带有棱角的翡翠山料磨圆，使之外形如卵石状，然后再以上述方法做上假皮。

后两种方法中，为了使假冒仔料更加逼真，常常会将做好假皮的砾石用火轻烧或用烟熏黑，再在地下埋上1～2年，使皮色更为自然，然后再挖出来进入市场销售。

做假皮的砾石具有一定的欺骗性，但只要认真观察是很容易看出其中端倪的。首先，天然仔料砂粒的排列具有一定的方向性，且肉眼可见颗粒的晶形并可见风化残余的痕迹。由于成分不均匀，不同部位风化砂粒的颗粒大小不一。而假皮上的砂粒没有方向性，呈碎屑状，没有晶形，也不见风化的残余，整个皮上的砂粒均匀一致。

如果有水口，可以观察砾石的结构。一般的翡翠仔料都有皮、雾、肉三层结构，但仿冒者没有雾（如图7-14所示）。假皮直接粘在玉肉上，界限非常清楚。当然，水口也可能是假的，这是我们接下来要讨论的问题。

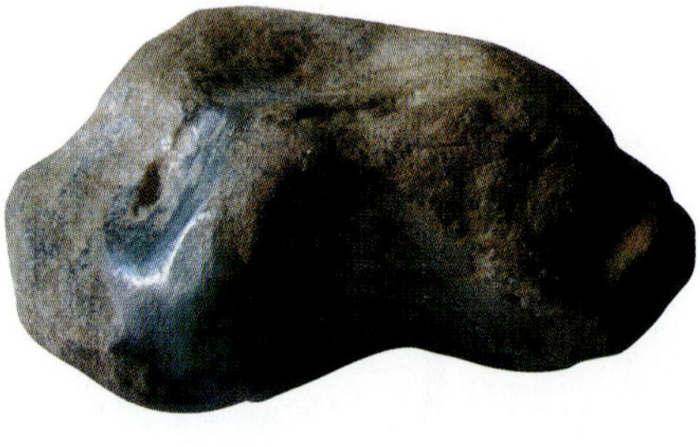

图7-13　水沫子原料

图7-14 是一块近14t重的翡翠原石，表面并无明显的颜色表现，开价数千万元，谁敢贸然去赌呢？

二、假门子（水口）

在门子（水口）上做假的手法很多，概括起来有如下几种。

第一种做假方式通常是货主买回的赌石表皮有颜色的表现，便以擦石的方式开门子，但擦开后颜色很少，于是用做假的方式将无色的部位掩盖起来。当在擦口上擦出少量颜色再向四周追颜色，发现没有颜色而做假时，这样的水口一般都较小，大砾石开小水口都可能存在这种情况。做假的人在追颜色时也是十分小心的，在一个方向上向前擦数毫米都要经过细致的观察后再动手，所以在边缘留下做假的痕迹一般也非常小，做假的部位在水口的四周，仔细观察玉肉与皮之间的接触关系是不难发现的。当然，这种做假方式的危害并不大，购买者只要按照观察到的颜色和质地以合适的价格买入，还是有赢的希望的。

第二种做假方式是擦开水口后发现里面根本没有颜色且质地非常差，以欺骗为目的，将颜色和质地均较差的砾石伪装成上等赌石，采用“贴片”的方式做一假水口，具体方法是将一块颜色较好的翡翠切片做成水口的形状和大小，贴在原来的水口上，然后以适当的方法掩盖贴片周围的接缝痕迹。这种假水口可以从观察水口周围的假皮加以识别，也可以考察皮与肉的适应性，较粗的皮是不可能在内部长出细嫩的肉的，有经验的人一看皮与肉的关系，就可能做出初步的判断。如果条件允许，可以在水口处浇上热水，贴片受热后四周会有气泡冒出。

第三种做假方式是贴假门子，再以假皮进行伪装。其具体做法是：在颜色和种份均较差的翡翠原料的一端切割掉一小块，用一块颜色或质地较好且端部与切下的小块原料形状相似的片料拼合到质地较差的大仔料上。片料的内面被挖成凹陷状，在凹陷部位涂上绿胶，并在拼合面部位加入锡箔纸内衬，然后将片料拼合，做上假皮，再在拼合的小片料上开门子来制造假象，让人觉得整块仔料的颜色或质地均不错。图7-15再现了这种做假方式的全过程。

如果能够识别假皮，这种仔料已可以被认定是做假的仔料了，进一步地鉴定可以敲击开口，发出的声音有一种空洞感，不像整块岩石那样敲击起来非常沉闷；或者将石头泡在水里看有无气泡溢出，打湿后若将石头风干，会在贴口处留下印迹。

第四种做假方式是直接在水口上涂上绿色胶膜或将水口贴片染色。绿色胶膜的硬度很低且呈薄膜状附于水口表面，用硬物敲击或刻画很易脱落。水口染色的鉴别与下述染色仔料的鉴别方法相同。

(b)

(a)

(d)

(c)

(e)

图7-15　做假方式的全过程

a.寻找一块低价的毛料，最常见的是乌沙皮料，在合适的部位切下一小片；b.在切下的小片石料上挖出一凹坑，在凹陷部位涂上绿胶；c.在砖头料的切片位置衬一片塑料或锡箔纸，目的是加强对绿色胶的反光；d.将小片料置回原处，用树脂胶粘牢固；e.将整个原石外表涂上如坜青之类黑色胶结物以掩饰接口，做上假皮，一块贴假门子的黑乌砂皮翡翠原石就这样做成了

三、假颜色

在颜色上做假的方式又有两种：涂色和染色。

涂色是在靠近门子的位置钻一个小孔，将内部挖空，再向孔内充入绿色胶并灌入铅块（目的是保证砾石的相对密度不变），然后将孔堵上，做上假皮。在灯光下从门子处观察这种原石，砾石的内部有绿而表面无绿，这本身就是不符合常理的，开门子的目的是尽量让颜色显露出来，而不是让颜色若隐若现。看到这种现象时应首先考虑到该砾石具有造假的可能，再加上识别假皮的技巧，鉴别这种做假手法是不难的。

染色一般是将黑色乌砂皮的仔料加热，然后浸入绿色染料中，使整个砾石染上颜色。在黑色的背景上，砾石中的绿色若隐若现，似乎是能出高绿的仔料。这种做假手法并不高明，稍有经验的玉商便能一眼认出，对于初入行的新手来说，认真观察也会很轻易地发现做假证据：绿色染料在裂隙中或颗粒边缘浓集，还可借助滤色镜观察砾石有变红的现象。

四、假蟒带和假松花

蟒带和松花是有经验的玉商赌石的重要依据，也是仔料内部是否有色的重要标志。造假者也抓住这一点，在赌石的表面做蟒带和松花。如同做假水口的方式一样，在仔料上擦出一条凹槽，在槽内填上绿胶，这种仿冒蟒带的鉴定可参照假门子的识别方法；另一种做假蟒带的方法是用细砂条在仔料的砂皮上轻轻磨出一条条的纹路，伪装成蟒带，这种伪装是很容易识别的，真蟒带似乎是自然烫压出来的，没有摩擦的痕迹，而这种假蟒带有磨过的痕迹。

假松花是作假者在做假皮的同时，将不能再利用的细碎翡翠小颗粒固着在假皮表面。这种假松花用胶和沙子混合粘牢，但只在表层与沙子共同掺杂，用小刀即可划破或撬起，极易识破。

第五节　翡翠赌石的技巧与原则

赌石业是一个风险极高的行业，表面看来，赌石如赌钱，只要有财力就可以参与，去碰运气，其实，赌石是经验、智慧，胆量和人格的较量。从事这个行业的人要充分认识到赌石的风险，输与赢可能就在一闪念之间，要理智地参与。任何一个成功的赌石人无不是从积累赌石经验开始，从别人赌石的经验教训中得到启示，然后，发挥自己的聪明才智，以独特的胆识和智慧取胜于赌石业。所以，掌握必要的赌石知识和技巧是十分重要的。

一、认识翡翠赌石的真假

赌石是针对翡翠仔料而言的，投机的玉商为了获取暴利，采用各种欺骗的手段，致使许多初入行的人受骗上当。所以，从事赌石业，首先要学会认识翡翠仔料的特征，将它与各种仿冒品区分开来，搞清楚玉料、皮或水口的真假。看懂赌石是翡翠赌石最基本的常识。

二、认识场口

认识场口是赌石的基础。不同场口的原料特征不同，所产翡翠仔料的质量也不同。有些场口以产优质翡翠而闻名，而有些场口所产原石与出产优质翡翠的场口的原石的外观特征十分相似，如果将这种原石当作名坑的原石来赌，那就大错特错了，赌输也就是自然的事了。有关不同场口所产的翡翠的特征请参考相关书籍。

三、多看少买

对于一个初入行的玉商来说，一定不要急于求成，要多看别人赌并最好能看到赌的结果(解石)。总结别人成功的经验与失败的教训，在对经验与教训的总结中学会什么样的石头能赌，什么样的石头不能赌；学会如何开价如何还价，如何在各种复杂的环境中应变自如。积累了足够的经验再参与赌石，赢的机会就大大提高了。

四、赌自己看到的价值

赌石不是盲目的，为任何一块赌石出价，都必须是对石料进行了认真地分析之后，以自己能看到的价值为依据。翡翠赌石的内部特征是变化无常的，仅从表面观察到的现象而做出价格判断本身就潜在着很大的风险，如果再加上自己的主观臆断，盲目推测，风险就更大了。许多年轻人通过自己的努力积累了一定的资金，于是便想在赌石业中一显身手，快速致富，纷纷到缅甸翡翠公盘上参与赌石。一、两次开盘不能中标便产生了急躁情绪，于是盲目加价，结果是可想而知的。很多小老板在行业中昙花一现，根本原因就是盲目地参赌，使自己多年的积累顷刻之间化为乌有，从此在这个行业中再也看不到他们的身影了。

五、只相信自己的眼睛

赌石的人可能都会听到很多故事，几乎每块赌石，石头的主人都会为它编造一段很美丽、动听、吸引人的故事。而作为购买者，一定不要被这些故事所迷惑，不要听信于货主，更不要听信于别人，只相信自己的眼睛。要知道，自己才是最后的买单者，买单的依据不是靠故事，而是靠自己的眼光所看到的价值。

六、宁买一线不买一片

赌石行业中有一句经典名言："宁买一线不买一片"，这是不无道理的。买石头的人对石头的了解始终不如卖石头的人，精明的缅甸玉商从小便与赌石打交道，他们的经验可以说胜过任何一个赌石人。他们知道赌石的产地，而购买者只是根据外部特征推测产地；他们有充足的时间和环境对自己得到的砾石进行详尽的分析，总是会将赌石最美的一面展示给购买者。凡是有颜色的地方，总是尽可能地让颜色呈现出来，以卖出更好的价钱。表面表现为一线颜色的翡翠原石，颜色在内部可能变宽，表面有很多颜色者，颜色可能仅限于表面；而他们在寻找颜色的过程中一旦失手，就会以各种做假的方法欺骗购买者，投机的玉商更会采用各种方法诱导购买者，购买者在失败的经验总结中得到的一些经典名言是值得我们借鉴的。下面的一组图片充分说明了其中的道理：

图7-16 一块近500kg重的黑砂皮翡翠原石，表面光滑，无蟒带、松花等颜色表现，可能是经过长途运输并多次转手，石

图7-16　黑砂皮原石

头的主人认为价值连城，其实并没有赌的价值。

图7-17 从表面上来看，这块翡翠原石有很多颜色，但仔细分析会发现，颜色并没有向下延伸，精明的缅甸玉商正是沿着一个有颜色的平面切割开的，而颜色在砾石外部的表现是一条线。

图7-18 从表面蟒的表现来看，这块砾石有很多颜色，可是，切割开后发现颜色并没有进入翡翠内部。

图7-19 这块翡翠原石的颜色已暴露无遗，色偏、种差、多裂，颜色不可能向下延伸，这块石头已没有赌的价值了。

图7-20 一块玻璃种翡翠原石，要说赌，只是赌地的变化和设计了。

图7-17 翡翠原石

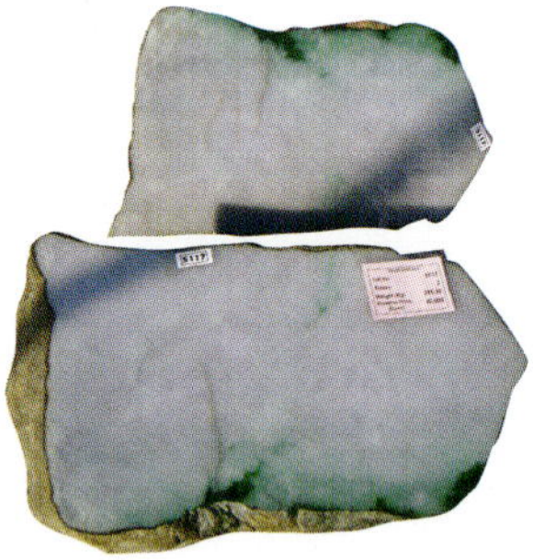

图7-18 翡翠原石

图7-19 翡翠原石

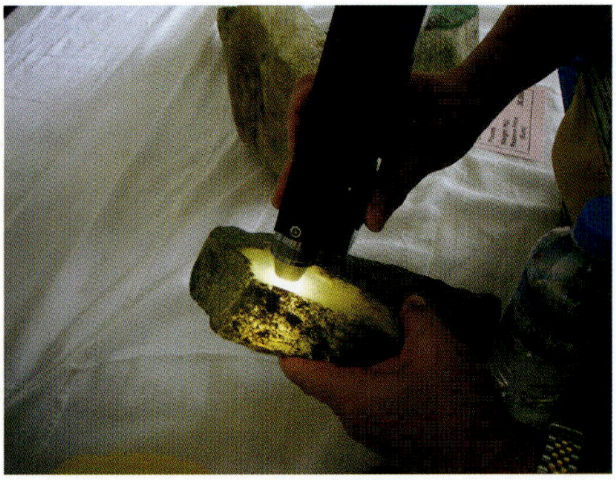

图7-20 翡翠原石

七、不要同货主或不认识的人合伙赌石

在赌石行业中，常常有合伙赌石的情况，即由几个股东合伙出资共赌一块赌石，以出资额的比例分享赌赢的利润或承担亏损的额度。合伙赌有其好处，首先是可以分散风险，如果赌赢了大家共同获利，如果输了，风险由出资者共同分担；其次是能集中大家的智慧，一个人的眼光可能有失偏剖，而多个股东共同商议可能会使出价更加务实。但是，合伙赌石只能是朋友或熟人之间的合作，决不能与不熟悉的人或货主合伙赌石，原因很简单，不熟悉的人很可能是诱骗购买者上当的人，而与货主合伙，表面上看货主也亏了，但要考虑到，你的钱到哪里去了？

第六节　翡翠赌石的交易方式

一、如何看待赌石业？

千百年来，翡翠仔料的交易一直沿袭着以赌的方式决定仔料价格的传统，不同的时期，赌的形式有所变化，最早赌的是蒙头料，后来有了开门子的仔料，现在的仰光公盘上更多的是切开了的赌石。翡翠赌石的风险如此之大，那么，为什么还有赌石人呢？

既然是赌，必然是机会与风险并存，既然有机会，善于赌的人就认为值得去搏一搏，所以，参与赌石还是受到利益的驱使。而博奕不在于一、两次的输赢，最终能够搏赢的人，必定是那些有经验、有智慧、有胆识的人。每次仰光公盘后，必定是“几家欢乐几家愁”。近年来，高档的翡翠原料几近枯绝，价格也不断攀升，同时，买家为了竞得一块高档翡翠原料，竞相加价也成为翡翠价格不断上涨的主要原因。据统计，2007年7月的仰光公盘上，成交十分踊跃，共成交近30亿元。将砾石运回国内后切开再论价，70%的买家出现亏损，按当时的市场行情估价，总价值仅23亿元。由于高档材料的短缺，一些买家非理性地加价成为亏损的主要原因。

对于参与赌石的人来说，他们可能是相信自己的眼力与智慧，自信能在赌石中获利；他们也可能是出于无奈，行业的规则就是如此。然而，赌石人心里所承

受的压力是平常人无法想象的，因为他们是拿着自己的资金，冒着转眼间就会变得一贫如洗的风险，为人类创造价值。有了赌石人，翡翠的生命之绿才得以重见天日，翡翠的价值才得以体现，从这一意义上来说，我们应当尊重那些赌石人，感谢那些赌石人。

二、传统的翡翠赌石交易方式

翡翠赌石的交易对一般人来说是神秘的。翡翠交易中一直沿袭着一种特有的交易方式，交易双方都会认为，谈判是交易双方的事，交易的价格对买卖双方以外的人都是秘密。赌石人对某块赌石有了购买意向后，会对它进行认真仔细的分析，确定其真假并判断其质量，对其价值进行评估，然后向卖主询价，卖主的报价和买主的心理价位可能有较大的出入，于是，买卖双方进入讨价还价阶段。

讨价还价的方式非常独特，传统的方式是买卖双方将手伸入马褂的长袖中，用手指的数量和指形的变化在长袖内比划着开价和出价。这种比划可能要经过数个回合，直到双方在价格上达到一致，握手表示成交。而一旦达成交易，任何一方都不得反悔，在买主向卖主支付完货款后，买主可以选择将石头带走或现场将赌石切开以验证赌的结果。如果赌涨了，买主应该向卖主和切石者派发红包，如果赌跌了，则可能将石头就地扔掉。

切石的过程是非常紧张的，买主为赌石付出的可能是全部家产，赌石的输赢在石头被切开的一瞬间就见分晓，富贵与贫穷也在这一瞬间决定。

一些赌石者会选择将石头带回家，以擦石的方式定输赢，从擦口观察，如果擦出的颜色和质地与自己推测的质量一致即为赌涨，货主可以选择转卖或继续擦石，赌涨了即将石头转卖所承担的风险固然会小一些，但是获利也会小，不同性格的人会根据实际情况在将石头转手或切开之间做出选择。

三、仰光翡翠公盘

翡翠公盘与传统的交易方式不同的是：公盘上的赌石少有蒙头料，大多赌石已被切开或开有水口；出价是以竞标的方式，以价高者得为原则。以公盘的方式拍卖翡翠原石是现在翡翠原石交易的主要途径。

缅甸是一个闭关自守的国家，其丰富的翡翠资源历来受政府控制，只允许官营或官商合营，而不准百姓从事翡翠开采和交易。但为了生存，当地百姓冒着可能遭受牢狱之苦的风险，从未停止翡翠矿产的开采和交易。所以，过去的翡翠交易一直处于一种半明半暗的状态。为了杜绝翡翠的偷采与走私，1990年，缅甸政府对私人经营翡翠有了突破性的放松，允许私人开采翡翠，终于使翡翠经营合法化。另一方面，缅甸翡翠的大部分场区都在克钦军的势力范围内，政府能够控制的不到20%，也因为如此，政府对私人经营翡翠只能听之任之。1995年以来，政府通过多次与克钦军谈判，达成了共同管理翡翠资源的开发和发展国家经济的一致意见，明确了翡翠矿产的开采由国家矿产部批准，个人可以参加国家级珠宝展销会（公盘），拍卖翡翠原料和成品。

现在的翡翠公盘每年在仰光举办三次，名义上是珍宝玉石交易会，实际上是以翡翠原石拍卖为主。参加公盘的代表主要来自中国大陆、香港地区、台湾地区和缅甸本地的华人。公盘地址位于仰光东北部，占地面积200余亩。每次公盘都会展出约5 000手翡翠原石，每手数量不等。公盘现场分若干个展区，各展区间的原料并没有明显的不同，只有两个室内展厅翡翠原石相对高档。之所以分为不同的展区，是为了便于管理，赌石的投标和开标都是按展区进行的(图7-21)。

图7-21　翡翠仰光翡翠公盘交易场

展会的前3天是看货时间，竞买者必须对自己决定投标的石头进行仔细分析，对石头的质量做出初步的判断，确定自己的投标价和投标技巧。这一过程是一个异常艰苦的过程，也是考验投标者的心理素质和毅力、经验、智慧的过程。投标者要顶着炎炎烈日，对每一组石头进行分析，同时还要承担巨大的心理压力，按照价高者得的原则，投标价低了买不到石头，高了要付出更多的金钱，真可谓是一个两难的选择。

从第4天开始进行投标，投标的赌石按展区的顺序依次进行。投标分明标和暗标两种形式，一般是先暗标后明标。投标方式相同，都是遵循价高者得的原则，但开标方式不同。暗标是由买家将自己欲购买的石头编号及投标价格填写在标书上，在规定的时间内将标书投入投标箱内，投标结束后，工作人员清点标书，出价最高者才是石头的得主，中标情况会在次日通过投标大厅的投影仪和公告牌公布结果。明标是以公开竞价的方式投标，投标者聚集在投标大厅，工作人员现场唱标，投标者如果愿意加价便可举牌，工作人员就会来收取标书并立即唱标，直到没有买家继续加价为止。与暗标不同的是，明标知道是什么人在与自己展开价格竞争，自己的出价比别人高出了多少，本质上并无大的区别。

在中国大陆的赌石大军中，来自广东的玉商最多。其主要特点是赌石规模大，赌石的档次较高，市场的成熟度高，赌石周边加工基地也最多。为了满足国内巨大的翡翠原料需求，一些翡翠厂家与缅甸的翡翠公司联合，复制仰光公盘的模式，在广东省南海市的平洲办起的玉石交流会，极大地促进了当地的翡翠市场的发展。

第八章 翡翠的成品交易

随着中国经济的快速增长，人民生活水平快速提高，在满足了基本生活需求之后，消费者的消费热点转向了保值增值和收藏品的投资，具有8000年玉文化底蕴的玉石制品自然成为广大投资者的首选。加上近年来翡翠价格的逐年攀升，消费者看到了翡翠升值的潜力，自2000年以来，中国内地市场逐步成为主要的翡翠消费市场。市场需求的骤增，也为珠宝商家提供了商机，特别是在当今钻石市场竞争异常激烈，珠宝商家在钻石经营上几乎无利润空间的情况下，许多商家跃跃欲试，或增加翡翠经营项目，或设立翡翠专柜，力争在翡翠经营上抢得先机，作为企业利润增长的支撑点。从事翡翠零售，首先是要从进货开始取得产品特色和价格等方面的优势，这是一项基础性工作，做好这项工作需要独特的技巧。这里所说的翡翠成品交易是指零售商与供应商之间的交易，是翡翠零售商在企业产品定位的基础上，如何寻找自己所需要的货品，以及如何以最合适的价格与供应商达成交易的过程。

前已论及，翡翠市场是一个充满欺骗的市场，从事翡翠成品交易需要以系统的翡翠宝石学理论和市场实战经验为基础，方不会上当受骗。除此之外，还要在掌握市场行情的基础上，灵活地运用各种技巧和发挥自己的人格魅力，在翡翠交易中把好关、进好货，进有特色的货并且以更合理的价格进货，取得产品特色优势和低成本优势，这是迈向翡翠经营成功的第一步。其中的关键是对翡翠饰品的质量和进货价格的把握。把握好翡翠的质量需要翡翠鉴定及评价的相关知识，而把握好翡翠的价格则完全取决于对市场行情的把握和独到的商业谈判技巧。俗话说："黄金有价玉无价"，在供应商开出的天价面前，如何以最合理的价格购买到理想的货品是本章探讨的重点。

第一节　翡翠的市场行情与玉无价

进货前要做相应的准备，首先要根据企业的市场定位计划货品的种类、数量，其次是资金准备和心理准备。多数情况下，翡翠进货是现金现货，一旦价格谈妥，一手交钱，一手交货，只有那些从事过多次交易且彼此都比较了解的供应商与经销商之间才有延期付款的可能。

到翡翠市场进货，首先要了解市场行情。所谓市场行情是指不同档次的翡翠饰品在某一市场上具有普遍性的价格状况，是非常熟悉市场的翡翠行家能够认同的价格。不同翡翠市场由于经营成本、供求关系和供应商追求的利润不同而稍有差别，但同一市场的价格是大致相当的，这个价格就是我们所说的市场行情。关于翡翠的价格问题，民间也有“黄金有价玉无价”的说法，我们如何理解市场行情与玉无价之间的关系呢？

一、关于“黄金有价玉无价”

翡翠是一种天然产出的玉石，是在复杂的地质环境下形成的，因此，翡翠自身的质量千差万别，评价要素多而复杂，无法找到两块特征完全相同的翡翠制品。“黄金有价玉无价”几乎是路人皆知的一句老话，常常被民间百姓所误解，它实际上说的是同黄金价格评价相比，翡翠价格评价的困难性。黄金因成色和重量的可计量性不难找到评价的标准，而翡翠每一件的特征都不同，评价起来仁者见仁、智者见智，总是一个价格区间或近似价格。比如说，多数翡翠行家认同某件翡翠饰品的价格在10万元的话，那么，购买价在9～11万元之间都是正常可以接受的价格。翡翠的评价不像钻石那样有一个通行的国际标准，钻石可以按照颜色的白度、杂质的多少、切工的优劣及重量的大小进行分级分类，然后按照国际钻石报价表进行定价；也不像红、蓝宝石那样有一定的评价标准。所以，准确地评价翡翠的价格几乎是不可能的。关于翡翠的评价问题有人这样说：鉴别翡翠的真假、区分翡翠的类别、确定翡翠的质量档次等都不是难事，惟独谈其价格，恐怕就难说清了，这可能是“黄金有价玉无价”的第一层含义。

除质量因素外，翡翠的价值还包含其美学价值。翡翠饰品是工艺美术师的艺术创作，本身就包含艺术家的审美观点和创作心血，这种价值是无法用准确的“价”来估量的。不同购买者的审美观点不同，对题材的喜好程度不同，自然会有不同的心理价格预期，这可能是“黄金有价玉无价”的第二层含义。

“无价”的第三层含义可能是指翡翠的灵气。因为玉有“灵气”，所以是无价的。玉的灵气之说自古至今有之，它是中华民族玉文化的重要组成部分，也是一些消费者购买翡翠饰品的理由。每个人对灵气的感受不同，理解的价值当然不同。

所以，我们可以从以上三个方面来理解“黄金有价玉无价”，一是材质的价值。天然的颜色和质地由于没有可比性，所以价格难以估量；二是工艺价值。一块翡翠经雕琢大师们的精雕细琢和艺术构思，赋予它具体的形象，产生了工艺和美学价值。如果质地独一无二，制作工艺盖世无双，那就是真正的无价了；三是由翡翠饰品传承的、几千年来中国人赋予玉的精神价值，这是“玉无价”的核心内涵，它没有商业性，只有人的思想、人的意志、人的美感和满足，这种超脱商业的心理感受和精神寄托自然是无价的。

在正常的翡翠交易中，我们又如何看待“玉无价”呢？如果“玉无价”是一种比喻，自然可以评高评低，如何看就如何评，于是就有了供应商漫天要价、经销商就地还钱的做法。而只要买卖双方愿意，无价也就变成有价了。无价之说，并非指一般的翡翠饰品，对那些质量上乘，做工精美，既有商业价值又有艺术价值的精品翡翠，用无价来形容它的昂贵和稀有应该说是有道理的。而对一般的翡翠饰品，市场是有可比性的，经过讨价还价买卖双方达成了共识就变成有价了。而这种共识如果得到翡翠行家的认同，它便代表市场行情。

二、如何了解市场行情？

当今的翡翠市场行情变化太快，20世纪80年代以来，翡翠成品的价格上涨了一千倍以上。近年来，高档翡翠资源近于枯竭，价格上涨的速度在不断加快。即使是从事翡翠交易多年的经销商在三个月内没有进货，当再次进货时也不敢贸然出价买货，因为三个月内翡翠的市场价格可能已经上涨了很多。如三个月前只需10万元一件的货品，三个月后的价格可能要涨到12万甚至更高，当然，并非所有货品都有一样的涨价幅度。一般来说，货品档次越高，价格变动幅度越大，低档货品三个月内的行情变化并不明显。

如何了解市场行情呢？有人说翡翠的市场行情是买出来的，不买货就不可能了解行情，这在某种意义上说是十分有道理的，因为“黄金有价玉无价”。即使是同一件货品在不同人的眼里价格也是不一样的，这是由每个人的审美观念、对货品的偏好所决定的。正因为如此，供应商的开价一般都是天价，尽管他嘴上说是开实价（卖价），但同样有很大还价余地。这就是翡翠交易的特点，任何时候都不要相信供应商开的价是实价。只有在讨价还价的过程中视成交的过程和供应商的表情或身体语言才能对购买价格是否偏离市场行情做出初步判断。

每次进货之前都有一个了解市场行情的过程，按照以前的行情出价再谨慎地加价试探地少量购买是比较可行的办法。在购买的过程中，可以根据价格谈判的难易程度判断出价是否合适，进而达到了解市场行情的目的。在这一过程中，“多看少买”仍然是一条不变的法则。在没有完全摸准市场行情前就批量采购是不明智的。但是，影响翡翠交易价格的因素是十分复杂的，批量整手购买与从一批货品中挑选若干件购买、购买的货品是货头还是货尾、供应商的采购成本等都会影响交易价格，这些价格并不一定能代表市场行情，只是一种对市场熟悉后的购买策略罢了。真正的行情价是能反映翡翠市场带有普遍性的价格状况，想真正地把握它，只有通过艰苦的商业谈判过程才能实现。

同老主顾交流是了解市场行情的另一种方式。经过一段时间的翡翠采购后，每个人都会有自己固定的老主顾，通过考察，如果认为老主顾诚实守信，可以和他保持长期的业务往来，打交道时间长了，有什么好货他会及时通知你，在价格上也会得到优惠，在资金不够时货款也可以拖欠一段时间。老主顾长期在一个市场上从事批发业务，对这个市场上各类产品的价格行情都有一定的了解，同他们交流可以更准确地把握行情。有些翡翠采购人善于充当“独行侠”的角色，自己进的货从来不与人交流，生怕别人知道了他的进货价，其实这对自己是没有好处的，特别是当价格把握不准时更应该同别人交流。但有时也要刻意冷落老主顾，这是一种策略。批发市场的竞争也是十分激烈的，批发商看到自己的老客户来了，都会对生意有一种期待，一旦一两次不和他做生意，他在心理上是很失落的，他会反省在过去的业务交往中是哪个环节出了问题以致你不再找他进货了。这样，你在心理上就占据了主动地位，再次找他进货时的价格谈判可能会容易一些。

经常在市场上露露脸对进货也是有好处的。有些批发商看到你是生面孔，即使你的价格出到位，他也不愿将货品卖给你，因为他可能认为你是新手，不能把握市场行情或不会看价，希望你出更高的价。而熟面孔的情况就不一样了，他会认为你的生意做得很大、很好，所以经常来进货，为了以后多关照他的生意，他愿意同大客户和老客户保持良好的主客关系，所以，他们只要有合适的利润就愿意成交。

第二节　选货的技巧

考察市场行情除了要了解价格行情外，还要了解货品的供应情况，如供应的类型和充裕程度，市场供应情况可能与原来的计划有出入，这时要调整自己的计划，要知道，翡翠本来就是“可遇不可求”的。

一、如何看货？

每个人在进货前都会有大致的进货计划，比如进什么类型的货，进什么档次的货等，看货就是粗略地了解一下自己所需要的货品的市场供应情况。考察市场的过程也是看货的过程，通过对市场供应的了解，寻找自己的进货目标，即确定哪些货是“对桩”的货。所谓“对桩”的货就是在货形、质量和价格上满意的货。

货形也即货品的形状、大小、饱满程度等，质量也即从翡翠评价的七要素和题材类型方面确认哪些货是“对桩”的货，至于价格是否“对桩”，就取决于每个人的谈判技巧了。对自己感兴趣的货品，一定要置于自然光下认真研究，要记住“灯下不看玉”的道理，灯下看玉很容易看走眼，可能会将货品的质量（颜色、水头）看高很多，根据翡翠的质量评估价格时更应该在自然光下进行。缅甸的玉商非常注重光线的作用。以前在云南瑞丽，每当烈日当空时，云集于此的缅甸玉商便穿梭于各个酒店，向住在这里的玉商兜售翡翠，而当乌云遮日时，早已不见了他们的踪影。

除了看货品质量外，更重要的是要挑毛病（裂纹、瑕疵）。有些毛病是较容易发现的，如表面的裂纹和反差大的瑕疵；但玉器的设计讲究“挖脏避绺”，有些毛病可能非常隐蔽不易发现，特别是裂纹。无绺不雕花，雕花的地方一定要重点关注。观察裂纹要有正确的方法，借助随身携带的笔形手电筒，用衍射光从不同的方向对货品进行仔细地检查，在某一方向上裂纹是非常清晰的。

二、如何选货？

选货就是对自己欲购买的货品进行仔细地分析、查看，评价每件货品的特征、质量、有无瑕疵等，进而评估其价格。玉器进货可以批量买入，也可以从一批货中挑选若干件，挑货肯定比批量买入的价格要高出很多，一般要根据货品的货形和质量情况以及企业的经营理念等进行全盘考虑。如果是批量买入，一批货品中单件货品的质量肯定是不一样的，我们要在看清货品的基础上，将它们以“品质相似”为基准进行分类，然后，评价每类货品的价格及总价格，为计算自己的接受价打好基础。

经销商购买货品时大多是批量购买，如果不认真检查或者忽略了某个细节，就会购入一些有问题的货品，而零售时是一件件卖出去的，顾客对每件货品都会看得很仔细，有问题的货品很容易让顾客发现，这些货品就不能为企业带来更多的利润甚至成为积压品。所以，看货时必须认真仔细地检查每一件货品。

不同的货品，看货的侧重面和评价方法均有差别，对货品的质量会有不同要求，下面简单介绍一下不同类型的货品的选择要领和注意事项。

1.如何挑选手镯

手镯是玉器消费的主要品种之一，其适用范围广，各种年龄层次的女性均可佩戴。挑选手镯，首先要看圈口的大小、条子的宽窄与厚薄。不同地区的经营者对手镯圈口大小的要求是不同的，南方消费者手形纤细小巧，一般以小圈口为主，北方则正好相反；条子的宽窄与厚薄会对价格产生影响。如果这些要素都对桩，再进一步看颜色的分布、瑕疵的多寡及工艺的优劣。看颜色的分布主要是看颜色是在手镯的内圈还是在外圈，是在正中间还是偏向一边。评估价格时，如果颜色在内圈，不能将其视为颜色，偏向一边的颜色要视其偏的程度给予一定的折扣。看裂绺的多寡主要是看裂绺对货品外观和稳定性的影响，有裂的手镯不能购买或只能以很低的价格购买。横裂纹和纵裂纹对手镯稳定性的影响是不同的，应该区别对待，同时要分清楚是裂纹还是石纹，石纹只影响其外观而不影响其稳定性，而裂纹会影响其稳定性。

客观地说，翡翠手镯上有些纹是不可避免的，因为手镯的用料比较大，而纹在翡翠原料中又是普遍存在的，故有人用“玉无纹，天无云”来形容玉中无纹是非常少见的。问题是要分清楚手镯中的纹是石纹还是裂纹，石纹是可以接受的，但明显的石纹会影响其价格，最好回避有裂纹的手镯，特别是有大裂纹的手镯。成批购买时，有通裂的手镯（即贯穿整个手镯的裂纹）在计算价格时应该为零计价，有杂质的货品参照有关工艺评价的方法计价；看工艺的优劣主要看条子的宽窄、厚薄是否一致，表面有无缺口或凹坑，抛光的光洁度是否达到工艺要求等。

在查看手镯的质量时，内外侧面都要检查，尤其要注意固定手镯的部位，手镯的大伤（横裂纹）常常会隐藏在捆绑绳下。挑选手镯可以遵从这样的口诀：货品对桩无裂纹，瑕疵要少工要精，圈口大小要搭配，货形不对不问津。

2.如何挑选戒面

戒面是“光身”翡翠首饰的一种，质量要求很高，是翡翠首饰中价格最难把握的一种类型。戒面的形状有很多，常见的是马鞍形、椭圆形（也称为蛋形）、橄榄形。挑选翡翠戒面，主要看其颜色、水头、大小、造型、裂绺等方面的特征。

从颜色、水头方面来看，要看其颜色的浓淡、正邪与均匀程度。不论什么形状的戒面，均要求颜色尽可能均匀、色饱和度高，正阳绿，水头好，这些是翡翠质量评价的内容。这里之所以再次提出这一问题，主要是提醒我们在挑选翡翠戒面时，要关注颜色和水头以及它们的配合和环境（灯光、底衬等）对戒面质量和外观的影响。有些戒面粗看起来颜色十分均匀、艳丽，但仔细观察，实际上是“照映”的结果，或者是灯光或衬底给我们的一种视觉假象。所以，察看翡翠戒面的颜色和水头时，一定要将其置于白纸上，在自然光下从不同的方向进行观察，只有这样，才能看到真实的颜色和水头状况，否则，在价格评估中会掉入批发商布下的陷阱。

有些戒面的形状被加工得十分怪异，外观形状看上去明显不对称，这实际上是为了挖掉石花或遮掩裂纹有意而为之的，这些戒面应该引起我们的注意，善于发现问题之所在并恰当地评估其价格。

无论是什么形状的戒面，长、宽比例要协调，造型要完美，要有一定的厚度。以椭圆形蛋面为例，蛋面的厚度应为宽度的1/2左右，这样的外形看起来才会很饱满，太过于扁平的戒面是不受欢迎的。

3.如何挑选人物类佩饰

人物类佩饰的题材类型在翡翠雕件中有很多，但常见的以传说中的各种神像为主，如观世音、弥勒佛等。在挑选人物类翡翠饰品时，一般是先看脸，再看神，看整体形态、高度和宽度的比例，更为重要的是要看雕琢工艺。

首先，人物脸部的颜色和质地一定要均匀一致，即设计师在从事翡翠设计时，决不能将颜色不均匀或有杂质、裂纹的部分放在人物的面部。不均匀的颜色会破坏整体效果，使雕琢的人物成为大花脸或阴阳脸，如果脸部有杂质或裂纹，其影响也是不难想象的。所以，挑选人物时应尽量回避脸部有缺陷的物件，如果是批量进货必须整手购买，在价格评估时也要尽可能压低这些货品的价格甚至是零计价。

其次，要看人物的神态是否符合自然。如观音的慈祥、佛的笑容、鬼的狰狞等。人物的神态是雕琢工艺精美与否的反映，也是能激发消费者购买欲望的诱因。消费者之所以购买神像类的玉佩饰品，在很大程度上是受辟邪、护身等心理动机的驱使，神像的神态正是消费者的追求。如观世音历来被人们认为是大慈大悲、救苦救难的救世主，其慈祥的面容是人们普遍认同和接受的，如果雕琢的神态不能反映观世音菩萨的这一特征，则不会为广大消费者所接受。人物类佩饰的正面不能有大的裂绺，如果背面如果有裂绺，常常被勾勒的花草图案所掩盖，所以，如果背面有各种图案，必定是用来掩盖裂纹的，这是行内公认的事实。对于中低档货，我们没有必要刻意去挑剔这些毛病，但对高档货计价时，背面的毛病也是要考虑的。

再次，要看人物图案的造型是否完美，主要是看形状、大小及厚度和长宽比例是否符合要求。形状受原料形状和其他特征的限制，有时人物的造型显得很特别，可能是因材施艺或是为了保留材料上仅有的一点颜色。独特的造型可能受到某些追求个性化的消费者的喜爱，但有时为了保留一点颜色可能会破坏整体造型，这样的造型是不可取的。不同的消费者对人物类佩饰的大小有不同的要求，要根据自己的货品库存情况灵活掌握各种大小货品的进货量。另外还有货品的厚薄问题，一般来说，货品的厚薄是根据原料的颜色和水头进行设计的，如颜色较深或水头较差，货品会被雕琢得较薄，反之，则雕琢得较厚。但有些货品的厚薄不符合这一规律，则完全是从原料的充分利用方面考虑的。有些人物雕琢得不够饱满，这样的货品是不受欢迎的，所以，选货时看其饱满程度也是十分重要的。此外，还要看长宽比例，观音一般在1.5∶1左右，而佛公则在1∶1左右，所有人物类佩饰的比例都应符合自然美观的视觉效果。

4.如何挑选花件

花件是翡翠首饰中最普遍的一种类型，雕琢成花件的翡翠首饰必定存在裂纹、杂质等缺陷，挑选的过程中主要应看其挖脏避绺的效果，外观上不能有明显的缺陷，不能购买有明显缺陷的产品。在此基础上，再看形状和寓意是否符合要求，花件的形状要正或具有独特的美感，符合佩戴的要求。在市场上我们常常会看到一些花件雕琢得奇形怪状，实际上是商家为了充分地利用原料，用边角料做成的，这样的货，价格虽然便宜，但不易出手，所以最好不要以贪便宜的心理购买这种不成型的货品。花件的题材要鲜明，图案的构成要尽可能的简洁，表达的寓意要吉祥，一目了然。

在挑选货品的过程中，我们始终要记住：虽然是批量进货，但不能忽略一批货品中任何一件有问题的货品，每位顾客在购买时只是从中精选一件，任何有问题的货品最终都会成为积压品。所以，在进货时必须谨慎对待有毛病和品相不佳的货品。

批发商在配备每一手货品时也可谓是费尽心机，他们常常会采用障眼法，即在一手货品中刻意放入几个有颜色的或品相好的来吸引购买者的眼球，我们千万不要被这种假象所蒙骗，要将一手货按质量相近的原则分别进行评价，结合评价要素及自己对市场行情的了解，迅速准确地评估价格，并做好交易准备。

第三节　达成交易的技巧

选好货品后，接下来就要进入艰苦的讨价还价和达成交易的过程。这是一个重要的过程，也是展现自己商业谈判技巧和人格魅力的机会。

一、询价与开价

看货与选货的过程也是评估价格的过程。对自己所中意的任一手货都要首先做出价格评估，确定可能的进货价或心目中的最高接受价，这是讨价还价的基础。

也许在你对某手货感兴趣并认真察看时，货主就会问你：对桩吗？“对桩”一词，包含的意义有很多，首先是货品的质量是否对桩，是不是你心目中要找的货。其次是题材、货形是否对桩，这两点决定了你是否对货有兴趣。若有兴趣，就是货品“对桩”，这时你可以询问货主有关价格问题了。“对桩”还有一层意思是价格是否对桩，玉商的开价一般不对桩，要进一步地讨价还价。

玉器行内有个不成文的规矩：问价必开价，开价必还价。问价可以在看货前也可以在看货后，但一般是在看货后或在看货过程中漫不经心地问价。询价后货主会开价，并问是否对桩？当然，货主的开价一般会比市场行情高出很多，需要交易双方通过讨价还价达成协议。

翡翠批发不像钻石那样有相对固定的报价，玉商的开价一般有很大的讨价还价的余地，你对价格表示异议后，他会问“你看多少？”这里你一定要还价。有还价和谈价才有成交的机会，还价高低是看货水平问题，不敢还价就永远没有成交的机会。

二、还价

当然，首先是看懂货品的真假再来讨论价格问题，如果你是专营A货的经销商，不要向经营B货的玉商探询价格，他们会认为你不懂看货。永远不要接近A、B货混杂经营的玉商，在这种玉商手中购货，不经意间可能就混入了B货。确认是A货以后再问价，看清货品以后再出价。

开价与还价是买卖双方的事情，一般是不会让第三者知道的。询价时，货主会在计算器上按出他的开价，你愿意出什么价，用同样的方法告诉货主，买卖双方经过讨价还价，如果能够达成交易，便以握手或口头同意的方式表示成交。

1.如何开第一口价

对翡翠经销商来说，开好第一口价是十分重要的，表明你对市场行情的了解，也表明了你的看货水平。第一口价是能否成交和实现双赢的基础，如果开高了，固然能够成交，但这表明从进货环节开始，你已提高了运营成本，降低了利润空间；如果开低了，表明你不懂行情或者缺乏看货眼光，显然是不可能成交的。所以，对于一个翡翠经营者来说，掌握市场行情和专业的翡翠评价知识是十分重要的。

每到一个市场首先是要摸准行情，这一过程最少需要一天的时间。试探行情的方法有很多，如以前的经验、少量地尝试性购买、以知情人介绍的行情作为参考、通过试探性还价等，这些方法在本章第一节中已作过简单的介绍。掌握了市场行情，再结合翡翠评价知识和经验，评估出货品的市场价和自己的最高接受价，接着就要开自己的第一口价了。

出第一口价时，必须遵守两个原则：一是要为讨价还价留有余地。对于批发商来说，他们总是希望能够卖出更高的价格，所以，第一口价开出后，如果市场行情掌握得好，批发商是不愿意成交的，即他们希望你加价，但作为一个充满自信心的翡翠经销商，加价是十分谨慎的。即使要加价，也要遵循另一个原则，就是以这一价格购买这些产品能带来多大利润，即根据以前的销售经验，评估产品的销售价格。我们的客户能以什么价格接受我们的产品，在保持一定利润空间的基础上确定一个价格心理预期，高于此预期的价格就没有必要考虑了。

2.谨慎出价的好处

如果你的价格出得比较到位，好处是十分明显的。首先，对方会认为你有诚意或者是行家，对市场行情和翡翠质量把握得很准，购买翡翠很有经验，批发商是愿意同这种经销商做生意的；其次，以低于市场行情价格出价，可以预防自己看货看走眼，避免付出更多的成本。当然，如果确实是自己把价格看低了也没关系，俗话说：黄金有价玉无价，对货品特点认识的侧重面不一样，还有个人的喜好不一样，都可能把价格看低。但如果你看的价格与市场行情偏差太大，那就应该调整自己的眼光了。

三、加价和成交

如果第一口价就能成交，表明你看货的水平可能有问题，这时你该反省。玉器行内还有这样一个不成文的规定：卖主开价买主还价，价格不合适卖主可以不卖，但一旦卖主答应成交，买主必须接受，否则就会发生令人尴尬或不愉快的事情。

如果货主不同意成交，千万不要表现出急于成交的态度而盲目加价，要对自己的看货水平有信心并有好的心态，不要急于求成。加价是一件很慎重的事情，因为有时货主不愿成交并不是你的开价不到位，而是货主对货品的期望值高了，希望卖更高的价，有时是货主的进货成本高了。在这种情况下，急于求成只会使自己付出更多的金钱，要表现出一种无所谓的态度，以平静的心态同货主交流对货品的看法，说明你的出价依据。更主要的是，要学会挑毛病，俗话说得好，“还价不如挑毛病”，以货品真实存在的各种毛病打击对方的信心，让货主感觉到有毛病的货品是很难出手的，遇到能接受这种有毛病的货品的买主已经很不容易了。货主也会认识到，成交的机会稍纵即逝，在你的咄咄逼人的气势中，货主的心态会稍稍发生改变，谈判也会往有利于成交的方向发展，稍稍加价可能就会成交。

任何时候不要急于加价，特别是你的出价已经到了你的最高接受限度时，可转一圈后再漫不经心地转回去继续谈。翡翠交易的谈判本来就是心理的较量，是买卖双方斗智斗勇的过程，整个过程中要保持高度的自信心，并根据货主的反应及时调整策略。

在你出价后，多数情况下对方会要求你加价，那么，什么时候该加价、什么时候不能加价呢？这要看具体情况而定：

如果对方的身体语言表明想成交，表明你给出的价格已经达到货主的心理预期，一定不能加价。

如果对方犹豫不决，想成交又不想成交并重新开价，最好不要加价或少加价，让其自行降价，直至你的价格预期。

如果你开价后对方没任何表示或说一声“谢谢”，表明你的开价比市场行情或批发商的心理预期低出很多，这种生意也不要再谈了（起码是当时不要再谈了），因为对方会认为你们之间的价格差距太大，或者认为你不识货。不要再为可能影响你在批发商心目中的形象的生意浪费时间了，赶快远离现场是最佳的选择。

总之，在任何一桩商业谈判中，都必须表现得信心十足，对某一手货即使非常感兴趣，也不能表现出急于购买的神情，不能让批发商抓住你急于成交的心理而漫天要价。如果出现这种情况，谈判的难度就会增加很多。同时，我们也要强调，做翡翠生意的人应该培养这样一种风度：既要大气，也要有霸气。所谓大气，就是要有风度、有气度，不能斤斤计较。批发商应该赚的钱就应该大方地让他们赚，做生意本来就应该互利双赢，只有这样，批发商才愿意和你做生意。所谓霸气，就是在商业谈判中要掌握原则，看货、开价、成交处处抢得先机，努力将主动权掌握在自己手里。每一个做翡翠生意的人都很精明，但要赢得别人的尊重和佩服，就得培养这种人格魅力。

四、翡翠交易谈判技巧

多数情况下，翡翠交易是要经过数轮讨价还价才能达成交易的，一味地讨价还价也是十分艰难的，商业谈判中要灵活地使用各种技巧。以下技巧是值得借鉴的。

1.声东击西

前面我们再三强调，看货要不露声色，即使是自己喜欢的货也不要表现出浓厚的兴趣，一旦让供应商知道了你对哪些货品感兴趣，哪些货是你志在必得的，价格谈判就可能增加了难度。假如我们看上了供应商的一手货并打算购买其中的一部分，在对其质量和价格进行评估以后，对欲购买的部分故意表现出不感兴趣的样子而将注意力转向另一部分。供应商会误认为这部分货才是你对桩的，会大谈这部分货是如何的好，是货头，如果被你挑走了，剩下的货就会不好卖了，并开出较高的价格。这时你的出价一定是对方不能接受的，经反复地讨价还价也不能达成交易，而对方的注意力可能完全转移到这部分货上了，并可能会说剩下的货是如何的不好，只能卖到多少钱等。如果对方说的价钱在你的价格预期内，你应该抓住时机，顺势说：那这样吧，我先帮你解决掉货尾子，这些货明天再谈吧，并再次强调让他重新考虑价格问题。这样，你就如意买到你所需要的货了。但为了保持个人信誉，第二天你应该如约再次去见供应商，就剩下的货再次进行价格谈判，结果就掌握在自己手里了。

2.乱中取胜

顾名思义，“乱中取胜”就是要故意制造混乱，在混乱中购买到自己需要的货品。

假如我们在同一家供应商那里发现若干件对桩的货品，可以拿出其中一件或数件进行询价并讨价还价，如果对方不愿意成交，再加一件或者去掉一件再谈价。如此反复进行，就会扰乱供应商的思维，他的开价必有出错的时候，我们就可以抓住他的错误，顺势成交。

乱中取胜，首先要自己保持清醒的头脑，注意力高度集中，思维敏捷，价格计算准确，如果没把供应商搅糊涂自己先糊涂了，那结果就可想而知了。

3.乘人之危

搞经营，每个人可能都有困难的时候，特别是当供应商在经济上出现困难时，就会为我们以较低的价格买到对桩的货品提供了机会。例如，某经销商到广州进货，看上一批翡翠手镯，经过讨价还价，供应商愿以80万的价格成交，按照当时的市场行情，这批手镯是物有所值的，但经销商还希望价格更低点。其间，经销商从朋友那里得知，这位供应商在翡翠公盘上以800多万元的价格中标了一组原石，交货期限已快到了，但他还没筹到足够的资金，现在急于出货，筹集资金。得知这一消息后，经销商觉得有了压价的筹码，于是，他每天都到供应商的店里去，聊聊天，看看货，只字不提是否成交的问题。三天后供应商有些急了，主动提出要将这批手镯卖给他，他顺势压价，并表示他知道供应商最近资金有困难，愿意帮助他，最后以60万元的价格成交了。

4.攻心战

翡翠交易中的讨价还价是在打一场心理战，批发商会用各种手段诱导经销商，提升货品在经销商心中的价值。而经销商则要反其道而行之，想方设法降低批发商的价格心理预期，挑货品的毛病是一种有效的办法，并且让批发商认识到，能够接受有这种有毛病的货品的客户并不多，希望他抓住成交机会，必要时还可拿出购买到的同类货品与之相比较，进一步打击其信心，可以增加成交机会。

特别是在讨价还价陷入僵局时，更是要善用心理战。有一次，一个台湾商人在揭阳看上了一件翡翠挂件，经过艰苦地讨价还价，对方亮出了价格底线：低于10万就不用谈了。而台湾商人只愿出价8万，并告诉货主，像这种老种老色的翡翠只有在台湾才是对桩的，而台湾近年来经济不景气，是很难找到买主的。但货主仍然不肯让步，谈判陷入了僵持。后来从朋友那里得知，这件货是4个股东共同出资的，其中两位股东愿意以8万成交，但另外两位希望价格能更高一点。了解这一情况后，几个朋友一商量，让这个台湾商人提着行李来找货主并告诉他，今天就要返回台湾了，如果不能成交就没有机会了。几位股东经过“紧急商议”，最后还是答应以8万元成交了。

翡翠交易中这种攻心战的案例有很多，我们要根据不同的情况，抓住对方的心理，争取交易的主动权。

5.舍小利取大利

做翡翠生意的人，总是希望以最低的价格购买到最理想的货品，这是所有人的愿望。然而，硬碰硬的谈判往往不能达到目的，必须灵活地变换策略。有时候该大方就得大方一点，让批发商取点小利，同时也让他认为你是一个爽快的人，跟你做生意不会费更多的口舌，而遇到大宗生意谈判时，你让他爽快一点也就自然不为过了。为了长远的业务联系，即使利润少点儿，批发商可能也愿意成交。

当同时向一个批发商购买几手货品时，可以让批发商分别报价并讨价还价，而当价格谈判处于僵持状况时，你可以选择一手货品数量少、价格低的货品主动加价，并建议批发商在其他货品上尊重你的价格建议，这样可能会打破僵局，增加成交机会，在一批货品上出价大方一点儿，而在另一批货品上得到更多的便宜。

6.轮番进攻

翡翠的价格是靠买卖双方经讨价还价达成的共识，批发商对于购买一块原石并将其加工成成品后到底能以什么价格销售出去，心里也是没底的。早期在云南进货时，缅甸玉商会把货品送到酒店，到各个房间推销，看谁出价最高，再决定把货卖给谁。其实，现在各集散地的批发商也是这样一种心态，若一批货品经几个客户看过并且都出过价，他必然愿意将货品卖给出价最高者。所以，我们进货时，如果看到对桩的货但价格不能达成一致时，可以请几个熟人轮流进行讨价还价，出价一次比一次低，几轮过后，批发商的心态就会发生变化，这时，你再次出现在他的面前，在原来开价的基础上少加一点儿可能就可以成交了。

7.全程跟踪

翡翠赌石毕竟风险很大，做成品生意的玉商如果不愿承担这种风险，可以在别人购买赌石时刻意进行跟踪，搞清楚这些赌石的购买价格，当它们被加工成成品后，如果觉得合适，可以考虑整体购买。对批发商来说，他们会认为这种生意会使资金周转加快，又不留货尾，只要有一定的利润就愿意成交。而对经销商来说，由于全程跟踪了这块石头，了解它的价格情况，出价自然不会太高。

8.随机应变

再高明的玉商，看货也有走眼的时候，有时刚一看货出价，从批发商的身体语言中发现他要同意成交，或者自己已发现出价过高。这时如果不及时中断谈判过程，会使自己处于极为尴尬的境地，成交吧，会使自己付出更多的金钱；不成交吧，又会遭到批发商的溪落甚至发生冲突。这时应当随机应变，寻找一个体面的理由尽快脱身。比如说，今天太晚了，明天再谈吧；哟！今天忘了戴眼镜（假装眼睛已经老花），明天仔细看看再谈吧。

9.故意冷落

有些批发商，以前合作一直很愉快，找他进货也能获利，可时间一长，他会觉得他的货品特色别具一格，要找这类货品非他莫属，于是，漫天要价，全然一付得意忘形的样子。这种人的威风必须坚决给予打击。在他周围的摊位上，只要有对桩的货就大量购买而故意不买他的货，几次下来，他就自然没有那种威风了。

以上这些技巧是实践经验的总结，从事翡翠交易的人是一个复杂的群体，交易的过程也绝非如此简单，在商业实战中，我们要学会同各种各样的人打交道，要善于总结，保持清醒的头脑和敏锐的目光，精神饱满，信心十足，以独到的眼光发现自己对桩的货品，以独特、果断的作风购买自己需要的货品，只有通过不断的实践和总结，我们才能逐渐成长为精明强干的翡翠商人。

第四节 如何避免受骗上当

这里所说的如何避免受骗上当，是指如何避免买到假货或价不符实的货。我们通常将遇到受骗上当的情况叫做交学费。初入行的翡翠经销商交学费几乎是不可避免的，即使是从事翡翠商贸多年的高手，也难免有“阴沟里翻船”的时候，但我们要尽量做到少交或不交学费。要实现这一目标，首先要对自己的能力进行评估，包括自己的专业素养、心理素养、看货眼光和市场经验。

一、做翡翠生意要培养肉眼识别真假翡翠和A、B、C货翡翠的能力

翡翠市场是一个鱼目混珠的市场，稍不留心就会受骗上当，这一市场特征要求我们必须具备识别真假翡翠和A、B、C货翡翠的能力。培养这一能力是一个漫长的过程，经过专业的培训可以将多数仿翡翠或优化处理翡翠区别开来，借助宝石仪器更是易如反掌。但问题是，我们在市场上不能借助任何仪器，哪怕是借助一下放大镜也会遭到行内人的耻笑。惟一可行的办法就是培养一双训练有素的眼睛，多看、多比较翡翠与其仿制品和优化处理品的差别，以肉眼识别它们，这一能力的培养需要长时间的市场实践。

其实，由于翡翠具有独特的颜色和结构特征，只要细心观察，将翡翠同其仿冒品区分开来并不是一件难事。优化处理翡翠的识别可能会困难一些，但只要时刻保持高度的警惕也是可以避免的。有些人工处理的翡翠特征十分明显，很容易识别，但有些凭肉眼识别可能会有困难，但我们的原则是，对有疑问的货品，宁愿放弃一次成交机会，也不能因此受骗上当。

值得庆幸的是，在各地质检部门的强力市场监督下，翡翠市场已经净化了很多，如问及真假，多数批发商会如实奉告，但仍有少数批发商在利益的驱使下大行欺骗手段，在这种情况下，作为经销商，惟一能做的就是修炼内功，培养自己的鉴别能力。

二、购买翡翠要克服贪便宜的心理

每一个市场在同一时期都有相对一致的市场行情。如果货品的价格偏离市场行情，那么肯定有问题。所以掌握正常的市场行情是十分重要的，它可以作为判断货品真假的辅助依据，做假的人总是心虚的，不可能把假货当作真货来开价。同时，天上不会掉下来馅饼，批发商不可能不了解市场行情而将货品以远低于市场行情的价格批发出去。很多经销商在市场上买到假货，在很大程度上是因为贪便宜的心理造成的。

对于任何一个从事翡翠经营的人来说，都可能有受骗上当的经历。做翡翠生意不交学费几乎是不可能的，比如说，价格买高了，把B、C货当A货买了等等。交点学费从某种意义上来说可能是件好事，只要善于总结，会使人快速成熟起来，在更短的时间内成为翡翠经营的行家里手。但如果买错了货，我们该如何处理呢？

同前几年相比，当今的翡翠市场应该说已经规范多了，购买到假货的几率也小多了。许多翡翠市场还设有质量监督管理部门，如果实在没把握，可以到质量监督管理部门检验，然后找货主退货。如果损失太大，这种办法值得一试，但如果损失不大，就没有必要了，这样做能否退货另当别论，搞不好会闹得整个市场都知道某某人不识货，买错货了，不仅自己丢了面子，更主要的是让自己没有信心再在这个市场混下去了，会为以后的采购留下心理障碍。

既然不能退，能不能低价卖掉呢？低价卖掉固然能减少损失，但对一个致力于从事A货经营的玉商来说，你的客户会怎么看待你呢？他们会怀疑你的能力甚至怀疑其他货品中是否有假货，损失是减少了，但失去的是企业的形象和信誉，还可能失去忠诚于你、信任于你的客户，作为一个翡翠经营者的人格魅力就可能荡然无存了。

如此说来，我们买错了货，最好的办法是悄悄地将它扔掉或者送给教育机构做标本，以警示后人。

三、评估翡翠的价格要细心

遇到对桩的货品准备出手购买前，一定要对货品进行认真地检查，仔细察看货品的颜色、水头、质地、大小、形状、工艺等特征，更重要的是察看货品是否有瑕疵、裂纹，不放过任何对翡翠价格有影响的质量评价要素，结合以前的购买经验及市场行情，谨慎地评估最高接受价和开价策略，千万不要在没有察看清楚货品前就盲目出价，一旦看走眼，将会为此付出更多的金钱，是很不值得的。

供应商最擅长做的事情是为进货商设置各种陷阱，比如说，在包装货品时常常把有毛病的部位遮掩起来，让进货商不易发现；根据货品的颜色、水头特征设计灯光的强弱和货品陈设底衬的颜色，使货品看起来更漂亮。作为翡翠经销商一定不要被这些外观的假象所蒙骗，要在自然光下还原货品的真实面目，仔细研究其质量状况，然后再进行价格评估。

还有一种情况是务必需要警惕的，那就是在批量采购时，一些不法商人常在其中渗入少量B货翡翠，这种货品具有很大的欺骗性，常常会骗过专家的眼睛。这就要求我们看货要非常细心，任何一件货都要进行仔细地察看和评价。

四、讨价还价要有耐心

成功的商业谈判常常要经历几个回合才能达成交易，这是翡翠交易的特点。如果出价后供应商不愿成交，表明你的出价没有达到供应商的心理预期或者供应商希望获得更高的利润，也可能是你的价格预期低了，这时一定要有耐心，不能盲目加价。要结合供应商的反应及市场行情对你的出价是否合适，并对是否加价做出决策。出价后不能成交往往是一件好事，至少它给了你重新考虑价格的时间，不至于会因为开价高了而导致损失。这里要使谈判告一段落，重新考虑出价。如果觉得出价低了，可以适当加价再进行新一轮谈判。即使准备加价，也要一点点地加，不能急于求成，试图一次加价到位。翡翠的价格谈判在很大程度上是一种心理较量，在这场较量中，谁有耐心，谁能沉住气，谁就能取得主动权。

五、对自己的眼光要有信心

在整个翡翠采购过程中，一定要对自己有信心。看货、出价都要坚持以我为主，不要听别人的诱导，这种信心来自自己的学识、经验和人格魅力。初次接触翡翠的人总有一种心理负担，认为自己不懂翡翠或不懂市场，所以开价总是战战兢兢，购货犹豫不决，说话没有底气，遇到对桩的货也不敢果断下手购买，其实是自己没有信心的表现。当积累了一定的市场经验以后，就要展示自己坚定、果敢的人格魅力，有信心同任何供应商打交道，有信心对任何档次的翡翠进行价格评估。

其实，翡翠买卖中将翡翠的价格评估得偏离市场行情也是很正常的事情，不是说“黄金有价玉无价”吗？不是说每个人的偏好不同会有心理接受价吗？商业实战中，价格上有争议是常见的事，只要不是十分离谱的价格都是可以提出来讨论的。看高或看低价格是因为看货人喜欢或不喜欢翡翠的某一特征，这就是所谓的“对桩”与“不对桩”。这样说来，我们就更应该有信心看货和开价。而所谓对自己的眼光要有信心，是要培养自己稳定的看货眼光，开价要有依据，不能忽高忽低，高档货价格要上得去，低档货价格要下得来，练就这样一付眼光绝非一日之功，它需要长时间的市场经验积累。

客观地讲，做翡翠生意，上当受骗几乎是不可避免的，我们这里强调如何避免受骗上当是为了让初入行者尽量少受骗上当，在从事翡翠商贸之前多做一些心理准备，多储备一些经验，尽量少走些弯路或不走弯路。如果没有上当受骗的经历，可能永远也不能成熟起来。作为一个初入行的翡翠经销商，重要的是要注重实战，注重在实战中的总结。对自己的每一次进货经历都深深地烙在自己心里，每次进货后都要认真地总结，以前犯过的错误以后不要再犯，只有注重锤炼自己的人才能迅速成长为一名合格的翡翠商人。

翡翠交易是一项艰苦而快乐的工作。谓其艰苦，是因为骗子生意无处不在，我们必须时时刻刻擦亮眼睛，保持高度的警惕，既要时刻注意货品的真假，又要及时评估货品的价格，稍不留心就会掉进骗子设下的陷阱；谓其快乐，是因为我们接触的是具有深刻美学价值和文化内涵的物品，我们每天都在以独特的慧眼发现价值，也是在以自己的经验、学识、智慧和胆量为公司创造价值。

在翡翠交易中，我们每时每刻都承受着巨大的压力，没有顽强的毅力和必胜的信心是不可能取得成就的。

第九章　翡翠的商业零售

中国内地的翡翠市场比香港和台湾起步晚，在20世纪70年代之前翡翠行业为政府经营，主要是为了满足出口的需要，本地市场可以说是不存在的。直到20世纪90年代以前，香港和台湾地区仍是翡翠市场的主体，香港则是国际翡翠交易中心。

中国的改革开放政策给中国经济的发展注入了活力，人民的生活水平得到了显著的提高，当消费者的基本生活得到满足后，作为奢侈品的珠宝首饰才开始进入人们的生活，使翡翠在中国获得新生。近年来，珠宝市场日趋成熟，内地对翡翠的需求逐年增加，过去只有皇室宗亲、达官贵人才拥有的翡翠首饰逐渐进入了百姓生活，成为中国人之最爱。在1998年亚洲金融危机之前，是中国内地翡翠市场的恢复和成长阶段，消费水平很低，高端翡翠饰品的消费主要集中在香港和台湾地区以及欧美、东南亚。亚洲金融危机后，亚洲经济开始下滑，中国大陆反而渐渐强盛，翡翠市场的发展也出现转变，逐渐替代了作为翡翠消费主体的香港、台湾在翡翠市场中的地位。市场交易异常活跃，年交易额数百亿元，并且显示出逐年强势上升的势头。

国际珠宝界纷纷看好中国翡翠市场，在翡翠设计中引入中国文化元素，注入时尚理念，引领时尚潮流。2003年，享誉世界的法国珠宝巨匠——卡地亚发布了最新“龙之吻”珠宝系列作品，向广大的中国大陆消费者展示了法国珠宝大师眼中梦幻而迷奇的中国风情。“龙之吻”珠宝系列的创作灵感全部来自于中国传统的文化与艺术，每款首饰均体现出本国及异国所特有的诗韵与神秘，博大精深、涵义隽永的中国艺术与卡地亚艺术融于一体。在这套珠宝系列中，漆器、珍珠贝母、珊瑚、翡翠等一些极具中国特色的珍贵材质及大量中国元素的运用，展示了世界珠宝巨匠的独特眼光，在中国传统文化中吸取并发掘着蕴涵在其中的恒久的美丽，在叙事与抽象之间进行大胆地组合与取舍，续写出卡地亚与中国的不解之缘，将卡地亚与中国的历史和未来紧密地融合在一起，是国际珠宝界对中国珠宝市场高度关注的一个典型范例。

为了适应国内珠宝市场的发展，满足消费者对翡翠首饰消费的需求，国内珠宝企业明显加强了翡翠饰品的投资力度。全国多数大中城市纷纷兴办以翡翠为主要产品的玉器市场，使我国玉器业出现前所未有的成行成市的火爆场面。各珠宝企业也纷纷设立翡翠专柜或翡翠专营店，满足国内消费者对翡翠首饰日益增长的市场需求。在全国各地的大型商场里，以前的翡翠首饰只是作为一个产品项目，产品数量少，款式单调。如今却是另外一番景象，商场里出现了翡翠专柜，明显加大了翡翠饰品在商品中的分量。比如南京中央商场，经营玉器的专柜就达8家之多，在北京，不论是五环市场还是羊肉胡同，经营翡翠的商铺鳞次栉比，更有“七彩云南”、“东方金钰”等高端翡翠品牌。市场供需两旺的势头表明，翡翠经营正迎来了一个难得的市场机会，翡翠市场大有可为。

第一节　翡翠市场和翡翠消费者

这里所说的翡翠市场是指翡翠终端消费市场。在我们探讨翡翠的商业零售问题之前，先认识一下中国翡翠市场的特征和消费者类型是十分必要的，它有利于我们有针对性地规划企业产品和制定营销组合策略。

一、翡翠市场的特征

中国有8000年玉文化的沉淀，这是中国翡翠市场发展的基础。新中国成立以后，由于经济环境和社会环境缺乏翡翠市场滋生的土壤，因此，全国解放后的30年时间里，玉文化在我国形成了一个断层，而在香港和台湾地区却得到了很好的传承。当改革开放的春风沐浴着中华大地的时候，特别是进入21世纪以后，翡翠市场犹如雨后春笋般地成长起来了，成为中国珠宝市场不可或缺的组成部分。这种快速成长造就了中国翡翠市场独有的特征：

1.翡翠消费实现了传统玉文化与现代消费时尚的融合

玉器消费在中国有深厚的文化底蕴，避邪、消灾、祈福、护身等翡翠的灵性内涵一直是玉文化的核心主题，在迅速崛起的中国翡翠消费市场中，这种传统的消

图9-1　时尚的翡翠胸针

费理念得到了较好的传承，多数中老年消费者购买翡翠首饰都是带有这种消费心理的。随着时代的变迁，翡翠时尚在灵性主题之外又注入了具有时代意义的新理念，人们更为看重翡翠的审美价值、含蓄的意境及其品味感受，晶莹通透、娇艳欲滴的绿色赋予人们大自然的感觉，是春天的象征，是生命的表现。在以铂金、钻石为代表的白色时尚为一统天下的首饰消费时尚中，佩戴翡翠首饰的人仍然比比皆是，这固然与消费者购买能力的提高有关系，更重要的是在传承这种东方文化基础上，设计大师们努力发挥他们的智慧，在现代翡翠首饰设计中融入时尚元素（图9-1），将翡翠和钻石以白金镶嵌，使当今世界两大主流时尚有机地结合在一起，在方寸之间实现传统文化与现代时尚的完美结合。

在翡翠进入中国的早期，翡翠首饰是宫廷权贵身份的象征，上至皇帝、后妃，下至各级官员，佩戴翡翠的档次、数量、款式都有明确规定。朝珠、翊管、扳指、龙钩是区分官员地位尊卑的典型标志，现代人佩戴翡翠首饰虽然难免有身份象征的含义，但是更多的是对审美和生活品味的追求。走在车水马龙的大街上，不经意间会发现，一个翡翠的胸坠，一枚翡翠的戒指，或是一支翡翠的手镯把一个个男男女女衬托得分外优雅，超凡脱俗。

2.翡翠鉴赏能力参差不齐

我们也应该看到，翡翠时尚的兴起毕竟时间还不长，消费者对翡翠首饰的喜爱在很大程度上还是受传统玉文化的熏陶的结果，甚至是盲目跟风，真正懂得翡翠质量评价、具有翡翠鉴赏能力的人很少。多数消费者缺乏翡翠质量评价的基本常识，对翡翠质与价的关系缺乏足够的认识，翡翠之美不仅来自温润的质地、娇艳的颜色，更主要的是来自它独特的造型，来自艺术大师们对翡翠首饰的艺术构思。翡翠之美是自然之美与艺术之美的完美结合，只有在系统认识翡翠的宝石学特征的基础上，具有了一定的审美观念的人才能具备鉴赏翡翠的独到眼光。但翡翠时尚的形成时间还不是很长，消费者的翡翠知识还很贫乏，对翡翠的鉴赏能力自然会受到限制。随着翡翠知识的普及和消费者审美能力的提高，消费者的鉴赏能力还有很大的提升空间。

3.不同地区的消费者消费能力差异很大

中国地域辽阔，经济发展水平不平衡，各地翡翠文化的普及程度不同以及翡翠消费观念不同，翡翠消费能力和消费水平存在很大的差异。消费能力较强的城市和地区主要是北京、长三角、珠三角地区的城市居民。北京是我国的政治、经济、文化中心，也是历史文化名城，作为大清帝国的首都，早期翡翠文化的发源地，几千年的玉文化影响着消费者的消费观念，北京是高档翡翠的重要消费地。广东是我国玉文化中避邪、消灾、祈福、护身等灵性内涵的重要传承地，佩玉的习俗自古有之，传承至今，除灵性内涵之外，更是美的表达，财富的象征。而在长三角地区，由于经济的发达，这里已成为高档翡翠的重要消费地。相对而言，内地的翡翠消费水平较低，但同样继承了避邪护身、祈福消灾的灵性理念，追求拥有，不在乎翡翠档次的高低。高档翡翠的消费者较少，但这些高档翡翠消费者一般具有一定的翡翠鉴赏能力。

4.企业经营行为缺乏系统策划

对于珠宝企业来说，面对迅速崛起的翡翠市场和迅速增长的消费需求，多数企业只是在匆忙地应对，在经营实践中调整，缺乏系统的企业形象设计和产品规划，产品定位不清晰，缺乏特定的目标市场选择，既想沿袭传统的产品设计思想，满足那些传承中国传统玉文化消费者的需求，又想迎合时尚，追求流行潮流，注入现代首饰设计理念，试图使企业产品能够满足所有消费者的需求，结果是将产品规划得不伦不类，产品无个性，企业无特征，以致翡翠市场形成这么多年，在中国还没形成几个象样的翡翠品牌。

从产品营销层面来看，企业的营销缺乏系统的策划，营销策略无创新，沿袭传统的折扣方式。再加上翡翠市场鱼龙混杂，以假充真、以次充好时有发生，质价混乱，严重动摇消费者的信心。

中国有8000年的玉文化沉淀，翡翠营销有广泛的群众基础，中国经济的高速发展和人民生活水平的大幅度提高，又为翡翠消费创造了雄厚的物质基础。现在缺乏的是消费者的鉴赏能力、产品的特色和消费者的信心，只要企业认真从事市场研究，找准市场切入点，引导消费者树立正确的翡翠消费观念，注重品牌建设，实现品牌文化与玉文化的有机融合，建立特色的玉器品牌，中国的玉器市场必然大有可为。

二、翡翠消费者

当今中国的珠宝市场可以说有两大消费主题：钻石和翡翠。钻石是西方人的经典，东方人的时尚，而翡翠是东方人的经典，如今已演化成一种时尚。中国人喜爱翡翠有其历史渊源，可以说在中国、日本、东南亚、美国，在全球有华人的地方就有翡翠消费者，这是中国传统玉文化的延续和发展所导致的必然结果。中国人购买翡翠用于装饰只是一种表象，真正的购买心理和动机已远远超出审美的范畴，而玉文化的渲染和翡翠神秘功能的信仰才是购买翡翠饰品的主因。通过对翡翠消费市场的观察和分析，我们可以将翡翠消费者分为四类。

1.传承翡翠文化的购买者

这类消费者以中老年人居多，他们对中国传统的翡翠消费文化有较全面和深刻的了解，出于信奉避邪、消灾、祈福、护身等灵性内涵的原因而购买翡翠饰品。他们对翡翠功能的信念甚至可以达到顶礼膜拜的程度，对翡翠产生一种心理寄托，玉不离身。一旦身不佩玉，心里就会忐忑不安，出于信仰而佩玉的人觉得似乎马上就会遭到神灵的惩罚，出于保健原因而佩玉的人可能马上会觉得身体不适。而更多的消费者认为它是一种高贵的首饰饰品，佩戴翡翠是身份的象征或者是一种心理的满足。在翡翠的档次上可能会因人而异，他们追求的是拥有而不是翡翠档次的高低，他们会根据自己的消费能力做出适当的选择。

2.追求时尚的购买者

这类消费者又分两种情况：一种是对翡翠饰品独特的偏爱。如喜欢翡翠的颜色、喜欢翡翠的含蓄、喜欢翡翠的晶莹剔透等。他们懂得如何鉴赏翡翠，能较准确地区分翡翠的品质，如果能力允许，他们是高档翡翠的消费对象或潜在消费者；另一种是对翡翠的消费文化似懂非懂，盲目仿效。他们可能了解佩戴翡翠饰品可以护身、具有保健功能等，因而对翡翠饰品产生一种盲目追求和仿效的心理，但对翡翠的质量、价格等没有足够的鉴别能力，更不会鉴赏其工艺价值。所以，他们是中低档翡翠的购买者，只要佩戴一块玉，他们的心理就会得到满足。

3.满足社会交往需要的购买者

所谓满足社会交往的需要，主要是指日常生活中以翡翠饰品作为礼品的馈赠活动。如亲朋好友或家人在过节日或生日时，为酬谢对自己有过帮助的人时，以翡翠作为礼品馈赠给对方。这类消费者在购买翡翠饰品时，一般是计划性购买，即对购买什么题材的翡翠和购买什么价格的翡翠都有预先的计划，而购买者本人也一定是翡翠爱好者，他们对翡翠有一定鉴赏能力。

4.以传世、收藏和保值为目的的购买者

中国人素有为子孙后代造福和为他们留点遗产的传统，他们购买翡翠饰品一方面是自己生前佩戴，另一方面是作为遗产留给子孙。同时，随着我国经济生活水平的不断提高，以收藏为目的的翡翠购买者也越来越多。他们把收藏有特色的或高档的翡翠作为自己的爱好，经常光顾珠宝店，寻找自己喜欢的翡翠工艺品。不管翡翠的档次如何，只要自己喜欢（如题材、工艺、俏色等）且在自己的购买能力范围内，他们一定会不吝花钱购买。还有一种消费者，他们对翡翠的资源情况比较了解，明白高档翡翠能够保值、增值，购买翡翠不仅用于佩戴，也用于收藏，是那种生活比较安逸、收入比较稳定的消费者。

以上四种类型的消费者，前两种一般是中低档翡翠的主要购买者，而后两者可能是高档翡翠的购买者。

第二节 翡翠营销策划

如果从20世纪80年代算起，中国的翡翠业已经发展了30年，从30年前到现在，从事翡翠经营的人换了一批又一批，前一批人惨淡出局，接着又进来一批，颇有点前仆后继的悲壮。直到现在，翡翠业仍然不断有新面孔出现，不断有老面孔消失。消失的人有两种类型，一种是既有钱又有胆量的人，他们敢想敢干，敢于冒险，赌石是他们从事翡翠经营的首选，试图通过豪赌一夜之间成为富豪，结果他们很快倒下了，从行业中消失；另一种是有钱没有知识的人，他们找不到事业的发展方向，听人说翡翠行业是暴利行业，也想进来淘金，进来后发现不是那么回事，于是又出去了。但凡有钱有胆量而没有智慧的人，他们是不可能在翡翠行业呆得太久的，想获取暴利的人也会失望而归。当然，翡翠经营也不乏成功的人，80年代有一个在云南瑞丽街头摆地摊的福建人，在翡翠行业中寻得商机，从帮别人介绍生意当跑腿开始，现在资产已超过亿元；从靠经营假货完成资本原始积累到转入正当经营的人，现在也在全国从事起连锁经营。总之，翡翠经营，成功者有，失败者亦有。在翡翠行业取得成功的人，都是即有胆量又有智慧的人，他们都有这样一些共同的特征：性情豪爽、善于交际、眼光独到、胆大心细、精于计划、目标长远，这是一个成功的翡翠从业者的个性特征。

管理大师汪中求有句名言："第一代老板靠胆子，第四代老板靠脑子"，这句话用来提醒我们的翡翠从业者再合适不过了。经营翡翠靠胆子的时代已经过去了，在这个充满竞争的时代，靠智慧取胜市场是我们的必由之路。我们必须善于观察，勤于思考，努力抓住机会，发展自己的事业。

一、选择一个好的根据地

我们要探讨的是如何做翡翠零售生意。不管从事什么业务，商道都是相通的，我们选择发展这项业务，必定拥有相应的优势，比如专业的优势、资源的优势等，有了这些优势，就要考虑如何将这些优势运用于经营，努力将优势转化为经营的强势。对于自己即将从事的事业，必须有一个系统的策划，找准经营的切入点，制定中长期经营目标，对事业的发展步骤做清晰的描述。这些问题包括从哪里起步？选择什么商业模式？做哪些人的生意？如何配备货品？如何进行扩张等。当然，首要的是考虑如何迈出第一步。

初次涉足翡翠行业的人，一无经验，二无客户，三无声望，这是在入行时要充分考虑的问题。谨慎地迈出创业的第一步是非常关键的，它直接关系到经营初期公司信心的建立和未来的发展。很多人在创业初期总是在不断地变换经营方向和经营地点，有的甚至很快从行业内消失了，从根本上说是没有规划好自己事业的切入点，以浮躁的心态匆忙地迈出了第一步，发现自己的路走错了再来纠正，可是已经来不及了。所以，选择一个好的根据地对于发展自己的事业是非常重要的，尤其是经营翡翠这种具有深厚文化内涵的产品，更是要慎之又慎。

当今珠宝经营崇尚品牌建设，通过分析我们惊奇地发现，现在行业内的主流品牌发展的初期，它们无一例外地选择了北京。周大福、谢瑞麟等香港品牌的第一个店都是开在北京，戴梦得、金象等国内知名品牌同样是选择了北京，为什么？因为北京是中国的首都，是中国的政治、经济、文化中心，在这里发展品牌容易产生品牌扩散效应和辐射效应。所以，选择从北京拓展品牌是企业经营者们的一种战略思维。

那么，什么是理想的翡翠经营地呢？不同的人掌握的资源不同可能得出不同的结论。但有一点是共同的，那就是这里有消费翡翠饰品的人文基础和经济基础，有经营者能够掌控和利用的优势资源，有充足的市场拓展空间。

中国有8 000年的玉文化，佩玉自古至今都是一种风尚，所以在中国从事翡翠销售不缺少人文基础。但是，由于对玉的信念不同，鉴赏能力不同，经济发展水平不同，佩玉的普及程度有很大的差别。我国农村与城市之间、经济发达城市与不发达城市之间，翡翠消费存在很大的差别。就目前的状况来说，到经济发达的大中城市从事翡翠经营是理想的选择。

哪里是最理想的根据地呢？这主要取决于企业掌握的优势资源，包括可以调动的当地社会资源、客户资源、个人在行业中及社会上的声望、品牌知名度等，这些都是支撑企业成长的必要条件。翡翠行业比较特殊，除了一般兴办企业的必要条件外，还要寻找另外一些支持因素。云南为什么翡翠卖得好？因为其地理因素的支持，很多消费者都知道云南产玉（实际上是一种误解），所以，到云南旅游的人都纷纷在这里采购。当地的社会资源是支撑企业发展的重要力量。假如说我们到某地去兴办一家公司，那里的工商、税务等管理部门的人都很熟悉，在经营上就会少一些干扰因素；那里可以拿到租金较低的经营场地，可以降低经营成本；那里有很多熟悉和认同本公司或本品牌产品的客户，可以迅速为公司带来利润并在社会上产生扩散效应，取得稳定的经营业绩；公司专业的形象或声誉一经宣传，就会在当地取得轰动效应，就会吸引大批客户前来采购；当地的市场竞争不很激烈，公司的进入不会因此遭到打压或排挤；还有公司的管理问题，好的根据地还应该有公司可用的人力资源。

有了这些优势资源，我们就应该具体盘算一下它是否能为企业带来利润。企业经营总是要获利的，当然，企业的利益可能是近期利益，也可以是长远利益。对于一个尚未完成资金原始积累的经营者来说，首先要考虑的是近期利益。那么，我们就应该测算一下，以我们现在拥有的资源到这里来经营，理想情况下能给企业带来多少利润？不理想的状况下会给企业带来多少亏损？经营的风险有多大？企业是否有能力承担这些风险等。从事翡翠经营要有胆量，有必胜的信心，但更要有风险意识，搞经营总是会有风险的，但要把风险降低到最小程度。同时，要做好最坏的打算，设置一个最大亏损限度。假如公司经营得不好，我们打算赔多少？赔到什么时候为止？一年、两年不赚钱是否还要坚持？搞经营要有一个平常心，盈亏都是很正常的事情，但一定要有心理准备，赚了钱不要洋洋得意，亏了钱也不要垂头丧气，赚了钱要想着如何发展自己的事业，亏了钱要认真总结，想好下一步的路该怎么走。我们在策划兴办一个企业的时候，一定要未雨绸缪，要先想好最坏的状况及处理办法，一旦这样的事情真的发生才能从容不迫、应对自如。

二、选择经营模式

经营模式是一个含义广泛的概念，广义的经营模式是指企业在营运过程中构成的经营形态，主要通过营运系统中涉及的企业文化、经营方式来体现；狭义的经营模式是指企业针对行业特点，结合市场需求及自身资源，选择和采取的经营方式。更简单地说，就是企业最佳的赚钱方式。我们这里引用这个概念简单地来指公司如何从事商业运作的具体方式、方法和途径，也就是结合企业当前的经营状况，将翡翠饰品投入到市场的具体方法和途径。

进入市场的方式、方法和途径有很多，不同的企业应该根据经营现状做出选择。假如企业已经在珠宝市场上从事经营，翡翠饰品可以作为企业产品组合的一个产品项目。其他模式还包括在商场设立翡翠专柜、建立翡翠专卖店、从事网上营销等。在商场设立翡翠专柜不失为一种好的经营模式，它汇集人气，管理规范，只要产品有特色，容易形成品牌效应，但好的商场一般都有很高的经营门槛，高比例的提成让商家获利的空间十分有限，经营业绩较差的商场门槛相对较低，但进入这样的商场同样不能获得好的经营业绩。专卖店模式经营的自由度比较大，经营的主动权掌握在自己手中，但不会像商场那样聚集人气，更不容易取得客人的信任，如果产品无特色，价格无优势，市场定位不准确，不能有效地争取自己定位的目标市场，同样是不可能取得好的经营业绩的。所以，在经营方式的选择上同样要根据自己拥有的资源做出谨慎的选择，特别是你拥有的社会关系资源、客户资源、个人的专业素养和在行业中的声望。假如说你有特别的关系在某商场任重要职务，他（她）能为你进入商场提供很多方便和优惠，商场模式就是一种理想的选择。

营销方式还有其他选择，网上营销、电视购物等方式都是可以考虑的选项。现在全国各地纷纷办起了玉器市场，到玉器市场上租一个摊位，从最低档的方式开始我们的事业也是可以尝试的。

中国的珠宝市场正在走向一个崇尚品牌消费的时代，品牌经营是我们进入市场时要考虑的一个重要问题。从事品牌经营有两种方式：加盟品牌和自创品牌。创业者大都资金实力比较小，急需以最快的速度完成资金原始积累，为将来的发展打下良好的基础，借力发展当然是最好的选择，这种思想可以引导我们加盟一个品牌。品牌加盟确实能给初入行者带来很多好处，它可以迅速将你带入品牌营销阶段，凭着品牌的知名度迅速提高经营业绩，享受品牌经营的成果。加盟机构还可以根据你选择的经营环境提供经营决策建议，协助你树立品牌形象，参与经营管理，使你的经营迅速进入正轨。加盟的另一层含义是加盟机构借助你的力量宣传它的品牌，提高了它的品牌知名度，这就是我们平常所说的"实现双赢"。但是，品牌加盟有两个问题值得考虑：第一个问题是能否跨过加盟机构的加盟门槛？是否有能力承担高昂的加盟费用？第二个问题是中国的品牌加盟规则不够健全，一旦品牌取得了一点知名度或稳定的销售业绩，加盟机构就会考虑提高门槛或收回加盟权，使加盟商成为品牌的弃儿。周大福是靠品牌加盟迅速拓展中国内地市场的，前几年不是宣布回购全国一级城市的加盟店吗？所以，加盟品牌可以获得好处，但也会受制于人。与其这样，不如制定一个企业的中长期发展计划，自创品牌，从小做起，积累实力，逐步扩张，成就自己的品牌之梦。更何况，目前中国珠宝行业本身并没有几个知名度高的翡翠品牌。

三、确定准备做什么人的生意

我们兴办企业的时候，总是希望我们的产品能够吸引更多的客户，因此，在规划产品时，总是希望企业产品能满足每个客户的需要，其结果可能是什么样的客人的需要都不能得到满足。出过国的人大都希望找一个中餐馆吃饭，可是吃过之后他们会发现这些中餐都变味了，做得不正宗。为什么会这样？可能是中餐馆的老板们在设计饭菜的口味时既要照顾中国人，又要考虑外国人，于是中餐变得不伦不类了。做生意如果抱着这种想法，可能什么人的生意都做不到。所以，当我们决定从事翡翠经营时，一定要分析自己的优势，考虑好我们能做什么样的生意？我们应该去赚什么人的钱？

【案　例】

从事翡翠经营的人大都知道有个翡翠品牌叫"七彩云南"，是1992年由诺仁达集团在昆明创建的。公司麾下拥有"七彩云南翡翠"、"诺仕达钻石"两个品牌，该集团创建了国内最大的翡翠珠宝加工厂，素有"云南翡翠第一家"的称号。经过多年的规范经营,"七彩云南翡翠"、"诺仕达钻石"品牌已被消费者广泛接受,形成了强势品牌效应。2001年9月,"七彩云南翡翠"、"诺仕达钻石"均被中国宝玉石协会评选为"中国珠宝首饰业驰名品牌";2002年12月,昆明七彩云南翡翠珠宝商城被中国宝玉石协会评选为"中国珠宝玉石首饰放心示范店";2003年初,在国家质检总局对珠宝玉石市场质量抽检活动中,七彩云南翡翠珠宝商城再列榜首;2004年5月,云南省授予七彩云南"云南翡翠第一家"的荣誉称号。

公司成立之初,他们面对的是鱼龙混杂的市场,以假充真的现象时有发生,价格的混乱让消费者不敢放心购买,销售方式也没有多少变化,通常是找一个商场,租几米柜台,以打折的形式参与市场竞争。通过对市场经营环境的细致分析,结合公司的资源,他们决定先立足于昆明,建立高品位、相对集中的专业翡翠珠宝商场,以明码实价的营销方式取信于消费者,逐步形成一个辐射全国的翡翠高端品牌。

云南是一个旅游资源十分丰富的省份,公司抓住这一特点,决定选择来云南的游客为目标顾客,有针对性地开展营销。他们在昆明郊外的云南民俗文化村内建立了数千平方米的大型翡翠商场。在店堂的装修风格上,力求显示翡翠的高贵与奢华,试图打造高端翡翠品牌形象。为能更好地为消费者提供翡翠珠宝的咨询和服务,七彩云南翡翠珠宝商城要求工作在一线的营业员个个都是翡翠珠宝专家,是可以让消费者信赖的"珠宝顾问"。在七彩云南翡翠珠宝商城,营业员不是传统意义上的导购员,和顾客的关系也不仅仅是简单的"买方"和"卖方"的关系,他们不仅是翡翠饰品的销售者,更是翡翠文化传承者,使顾客在购买翡翠的同时对翡翠的文化、艺术价值有更多的了解。在产品设计上,他们针对游客的特点,以中低档产品为主打产品,明码实价,以仓储的形式进行促销,同时展出大量高档产品供游客参观购买,不仅取得了很好的经营业绩,同时也展示了一个专业、高端的翡翠品牌形象。

经过十多年的经营,"七彩云南"的品牌效应逐步得到显现,他们及时调整战术,在稳定昆明经营业绩的基础上,加快了向全国扩张的步伐。2004年9月,建立于北京西二环近6 000多平方米的七彩云南翡翠珠宝商城隆重开业。北京是我国的首都,有着深厚的玉文化底蕴,也具备高档翡翠产品的消费能力,针对首都翡翠珠宝市场的特殊情况,北京七彩云南翡翠珠宝商城形成了自己的风格和特色,以其丰富的文化理念,现代的装修风格,独特的卖场氛围和经营理念打造了一个博物馆概念的翡翠珠宝旗舰店。走进商城，就像走进了一个博物馆，在这里人们可以领略几千年的宝石文化，鉴赏世界上最珍贵的翡翠，学习丰富的翡翠矿产、鉴赏和评价知识。宽敞的展销大厅里，不仅陈列着8万多件价值近20亿元的商品，而且专辟了翡翠文化和翡翠专业知识展览空间，用大量的实物、图片从古代玉文化、佛玉文化、儒玉文化、翡翠时尚四大部分展示我国玉文化的精粹。在产品规划上以高档产品为主，高档的装修和豪华的陈设为客人提供舒适的购物环境，产品销售采用会员制，实行一对一的销售服务，让客人真切感受到尊贵的身份与购物的乐趣。2006年，他们又将这种经营模式复制到杭州，建立了杭州七彩云南翡翠珠宝商城，这个新兴的高端翡翠品牌正在向全国蔓延。

营销学上有个名词叫“市场细分”。所谓市场细分就是将一个总市场按某方面需求的不同分割成若干个小市场，使每个小市场之间存在某些显著的不同倾向，以便使营销人员能有效地满足不同市场（顾客）的不同欲望或需求。市场细分是以市场需求为基础将市场上的顾客分为若干个需求相似的群体，每一个细分市场可采用一种营销组合来满足。

市场细分是目标营销的基础和前提。目标营销是指企业在对整个市场进行细分后，对市场进行取舍，选择一个或数个细分市场，并针对此细分市场的需求组织产品并制定营销策略。目标营销包括三个主要步骤：市场细分、目标市场选择和市场定位。简单地说，目标营销的过程是要弄清楚市场上存在哪些需求？我们的产品是哪些人需要的？我们的市场在哪里？谁是我们产品的最终买主？我们如何将产品的诉求有效地传达给我们的客户等。

人们常说，这个世界上没有卖不出去的产品，只有卖不出产品的人或将产品卖错了对象。卖错了对象就是没有细分好客户。所以，我们在进入某个区域市场从事翡翠营销时，首先要做好市场细分，锁定自己的主要对象——目标客户，而不是什么样的生意都想做，什么样的客户都想抓。确定了目标客户后，就要有针对性地为他们组织产品，并想方设法向他们传递产品诉求，让他们明白产品的特色和利益且这些特色和利益正是他们所追求和需要的。为了吸引这些目标客户你的企业形象如何设计？什么样的装修风格才能反映公司的产品特征和企业特征？你的品牌定位在什么地方？

“七彩云南”的市场定位是高端翡翠客户，这些客户所需要的是优雅的购买环境、令人信任的产品质量和物有所值的价格感受，所以，无论他们的店开在哪里，一定保持中华民族传统的古朴风格、翡翠专家的专业形象和一对一的温馨服务，让顾客感受到他们在这里购物是一种享受，能够得到应有的尊重并相信购物一定货真价实。据说“七彩云南”在北京投入了大量广告从事翡翠市场的宣传，对整个北京市场的翡翠消费起到了很大的推动作用，翡翠饰品的市场占有率逐年提高，但本企业的销售业绩并不十分理想，这可能与消费者对这种营销方式还需要一段时间去接受有关。从营销学的角度进行分析，他们的市场定位是准确的，他们的企业形象设计、产品与服务的规划也是没有问题的，产品的特色和品牌知名度正在对品牌形成正面的支撑，公司的实力也足以支持他们从事品牌运作，只要他们沿着现在的思路走下去，他们的付出将来一定会得到应有的回报。

四、确定经营什么产品

经营什么产品完全取决于企业在市场定位的基础上对目标市场的选择。所以我们从事营销前一定要对我们欲进入的市场进行详细地研究，搞清楚这个市场对翡翠饰品存在什么样的需求？我们的经营应该以传统产品为主还是以时尚产品为主，需求方向决定了经营方向；这个地区的经济发展水平如何？玉文化底蕴如何？经济发展水平决定了消费水平，玉文化底蕴决定了消费者的消费观念；在此基础上再分析你的产品适合什么年龄层次的客人购买？这种购买量能否适应公司发展的要求？在不同的地区经营，可以有不同的定位。很多企业通常会以大众消费者的消费能力为定位依据，这种做法是有一定道理的，但大家都这么做，产品就没有什么区别，企业的经营特色和个性就无法显示出来，我们要抓住这些顾客中的某一特定顾客群，针对他们的消费心理、消费爱好和审美倾向设计企业形象，经营相应的产品，满足他们的需要，围绕这一主题不断地强化和持续地努力，最终能够打造出令目标市场追捧的企业特征。“七彩云南”定位是高端客户，但根据不同区域市场目标客户的选择是不同的。在昆明，他们的目标客户以游客为主，高端的产品和专业的形象自然会满足高端客户的需要，同时又能吸引游客的眼球，认为这样一家公司是值得信赖的。游客的消费是以中低档礼品或纪念品为主，针对这一群体的营销采用明码实价的仓储式营销，货真价实的印象自然会激起客人的购买欲望。而在北京、杭州，他们展示了高档产品定位的鲜明特征，高规格的店堂装潢、高档次的产品陈设、彰显品位的购物环境和温馨、专业的一对一服务，无不让客人感受到其尊贵的地位和品牌消费给他们带来的荣耀。

【案例】

世纪交替前的亚洲金融危机给亚洲经济带来了巨大的打击，也影响了翡翠市场的产业布局。传统的翡翠消费市场香港、台湾、东南亚的翡翠市场迅速萎缩，而中国经济的一枝独秀为翡翠市场的发展带来了良机。以南京大学老师为主体的专家团队敏锐地看到了这一市场态势，以前瞻性的眼光成立了一个品牌——翠佛堂（图9-2），专业从事翡翠玉器饰品的开发、生产、销售。公司产品融合

图9-2　翠佛堂的店堂形象

了中国传统文化的精髓，以专业人士和专注精神致力于中国玉文化的传播。2003年底进入国内翡翠玉石市场，2004年起公司先后在深圳、南京、北京建立了配送中心。不到5年的时间在全国设立了50多家连锁经营店。网点遍布在南京、上海、武汉、深圳、西安、无锡、苏州、南昌、徐州、扬州、济宁、淄博、南通、镇江、常州等30多个城市。

公司的品牌定位为中端翡翠品牌，以传承中华民族传统玉文化的客户为目标市场，顾客年龄段分布在25～45岁之间，这个年龄层次更具消费活力。在企业形象设计和装潢风格上展示一种中华民族独有的古色古香的韵味；在产品组合上以传承中华民族文化的手镯、观音、佛和各种具有丰富文化内涵和吉祥寓意的

挂件，兼营少量时尚翡翠饰品；通过对我国消费者的购买能力和购买行为分析，他们选择在全国各大商场设立翡翠饰品专柜，以“质高价不高”的理念塑造品牌的个性，吸收中青年白领成为翠佛堂的忠实用户。产品价格一般在一千元至数万元之间，产品均价在2 000～3 000元之间。经过几年的品牌运作，翠佛堂的品牌形象逐渐被一批中高收入的消费者所接受，他们成为了翠佛堂的忠实消费群体。

从“七彩云南”和“翠佛堂”两个品牌的案例分析我们可以看出，两个品牌的市场定位和目标市场选择都是完全不同的，在产品规划和营销方式上也有很大的区别。这些经营决策都是在对市场进行认真地分析并与企业掌握和能调动的资源相适应的。所以，我们在决定做什么产品时，首先要考虑好我们的优势在哪里？与我们的优势相适应的客户又在哪里，这些客户的需求能否满足公司发展的需要？以我们的优势和客户的需要确定我们的核心业务或核心产品，集中企业的优势资源经营我们的核心业务，努力在这些业务上形成特色，形成一种档次或一个等级，有相同或相似需求的客户就会越来越集中，消费群体就会越来越大。

在准确确定目标市场的基础上，再来规划企业经营的产品类型。假如说企业的目标市场是传承中华民族玉文化的中端客户，那么翡翠手镯、玉扣、观音、佛公、花件、生肖、戒面、佛珠项链等是必备的产品。产品档次不要太高，但也不能太低。在不同的地方从事翡翠经营，消费档次的差异很大，要根据当地的经济状况及客人的接受能力确定我们产品的主要价位应集中在哪一个价格区间。在上述产品类型中，戒面、手镯和玉扣是翡翠首饰中价格最高的，戒面、项链和玉扣的销量比较有限；观音、佛公和手镯的需求量最大，是任何一个翡翠专营店的主打产品，这几类产品要占公司货品总量的40%；生肖的需求量也较大，但一般以低档生肖为主；花件是文化内涵最丰富的，也是最容易形成经营特色的一种产品，所谓“件件必有意、意义必吉祥”主要是指这类产品。花件的配货一定要精挑细选、精心搭配，让每件货都有引人入胜的“卖点”，题材通俗易懂，能激起客人的兴趣和购买欲望。

确定了产品类型后，还要确定高、中、低档货品的比例，从产品档次上规划产品组合。即使我们的产品定位是中档产品，但高档货与低档货也是不可缺少的，产品定位只是确定企业产品的主要风格、价位和特色，是企业经营的主导产品，高档产品和低档产品在数量上应各占15～20的比例，以满足不同档次客人的需求。

五、确立一个什么样的形象？

这里所说的形象并不是指企业形象，而是企业员工留给客人的印象。不管我们从事什么行当，都要不断了解这个行当，不断熟悉这个行当的业务，力争成为这个行当的专家，也就是说一定要内行。做翡翠生意的人，不仅要学会做翡翠买卖，还要熟悉翡翠的历史与文化、翡翠的过去与现在、翡翠的产地与供销情况、翡翠的质量与价格评估等。特别是在公司规模不大、很难从企业形象上取信于客人的时候，必须提高经营者的个人素质，让客人知道你很内行，谈起翡翠你很专业，这样的素质才能让客人相信你，增强购买你的产品的信心。试想：一个规模不大又没有名气的小店，客人进门本来就战战兢兢，你的形象又不专业，说起话来没有自信，怎么能让客人放心购买你的产品呢？所以，树立专业的形象、让客人觉得你很内行是十分重要的。

随着经验的丰富，客户的积累，在社会上良好的口碑和信用的建立，你的业务就会越做越好，越做越大，这里就该考虑调整你的产品定位和市场扩张了。

六、谨慎进行公司扩张

做翡翠生意的人一旦在经营中尝到一点甜头，总会有十分惊喜的感觉。啊！原来真的如人们所说，翡翠行业这么好赚钱啊！所以，取得一点小的成功就想着急于做大做强，殊不知，危机可能就此而来。

【案例】

湖北东方金钰股份有限公司是目前国内翡翠业惟一的上市公司，2004年由云南兴龙实业有限公司入主湖北鄂州多佳股份有限公司，通过资产转换借壳上市，改名为东方金钰，主业是翡翠饰品生产和销售。公司董事长赵兴龙先生是玉石行业屈指可数的翡翠原石鉴定专家，在翡翠鉴定和原材料买卖领域有着20多年的经历，与缅甸矿区有着良好的合作关系。从20世纪90年代末期开始，赵兴龙先生即深入缅甸翡翠矿区购买翡翠原石，从中获得丰厚的利润。

在中国翡翠消费快速成长时，“东方金钰”借助品牌优势迅速拓展公司业务，准备在全国各大中城市建立翡翠展厅或专业商场，恰逢2008年奥运会在北京召开，东方金钰又是奥运会战略合作伙伴，再加上北京有几千年的玉文化沉淀，他们准备抓住这一商机拓展北京市场。2007年2月，公司进行重大投资，在北京王府井建立东方金钰翡翠旗舰店，但由于公司没有进行详细的市场论证，开业以来一直亏损。截至2007年12月31日，北京旗舰店亏损1 443万元，至2008年9月30日亏损532万元，累计亏损1 975万元。

这是一家上市公司盲目扩张给公司带来的严重后果，好在他们实力强大，发生了重大亏损还有扭转的空间。如果是一家名不见经传的公司恐怕早已从市场上消失了。所以，公司扩张并不一定能为公司带来利润，如果管理不善，市场定位不准，不能有效地发挥公司优势，那么，扩张所带来的不是利润的增长，也不是品牌形象的提高，很可能是对公司的发展产生的负面影响。所以，当一个公司各方面还没有完全把握时，不要盲目地进行公司扩张。

那么，公司扩张有什么条件呢？首先是公司在自己的根据地已经有了足够的实力，已经牢牢地站稳了脚跟，有了足够多的富余资金；其次是公司欲扩张的经营地点与根据地的营销环境有良好的适应性，在产品需求、市场定位、消费文化等方面有一定的相似性；第三，公司有足够的人力资源储备，有能够独当一面的经营者和管理者。具备了这几个条件，我们才有足够的资金和人力满足新的市场经营管理要求。我们可以复制当前公司的经营模式，保持一致的经营风格和品牌形象。所以，公司扩张只有顺势而为，方能水到渠成。

第三节　翡翠零售技巧浅谈

开一间翡翠专卖店已不是什么新鲜事物，诸多的翡翠店早已遍布各大中城市的主要街头和各大商场。但对于一些创业者来说，如果想把你的翡翠店经营得更好、发展得更快并不是一件容易的事。要想经营好一家翡翠店，一定要认真地谋划。店铺的经营成功，商圈的确定、店址的选择是非常重要的，除此之外就是产品的定位和目标市场的选择。然而，这仅仅是从事零售前的基础工作。要想把生意做好，更重要的还有品牌的推广、货品的组织与质量的把握、营销策略和服务策略筹划等。同一个店让不同的人去经营肯定会有不同的经营业绩，这取决于各人的素质和营销技巧的把握。

翡翠是一种非常特殊的珠宝饰品。首先，翡翠承载了中华民族8 000年的玉文化，客人购买翡翠饰品，文化的分量可能胜于产品本身；其次，翡翠的真假、质量是客人最关心的问题，对于多数客人来说，翡翠消费行为是非专业消费行为，如果不能取得客人的信任，客人是不可能放心地接受你的产品的；第三，价格问题历来是商家与客人之间的一道不可逾越的鸿沟，如何让客人接受产品的价格并且觉得物有所值是我们在商业零售中要解决的问题；第四，不同的客人有不同的购买心理，只有抓住客人的心理才能取得营销的成功。所以，我们在这里谈翡翠的零售技巧，无非就是要解决以上问题，而解决这些问题的关键是如何设计一个专业的形象和培养一支训练有素的营销队伍。

一、建立一个专业的形象

规模相当的店铺或专柜，同样经营翡翠饰品，他们的生意却截然不同，除了经营上的问题，很大程度上是与店铺的专业形象有关。即使是品牌企业，如果没有一个专业的形象同样会受到客人的质疑。我们可以设想一下，如果将一件高档翡翠摆在地摊销售，再好的质量也不会得到客人的认同。店铺的外观、柜台的设施和装潢、商品的陈列都必须让客人觉得你很专业，从感觉上就知道这是一家货真价实的翡翠店。在装潢风格上，色调的选取、灯光的布置、柜台的造型等一定要有专业的水准。商品的陈列（图9-3）是激发顾客购买欲望的有效手段，它能将真实的翡翠货品经过艺术性的处理直接展现在顾客面前，不仅能增强顾客的兴趣，激发其购买的欲望，还有助于塑造良好的店铺形象，给顾客留下深刻印象，这是静态的专业形象。动态的专业形象就是营业员的形象，翡翠营业员必须具有良好的专业素养，言行举止、产品推介都必须非常专业。专业的人才会取信于顾客，顾客才会愿意与你沟通，把自己的

图9-3　翡翠专卖店的橱窗

想法告诉你，这样的店才会有口碑效应，生意才会越来越好。

二、培养一支专业的营销团队

一个企业要取得好的营销业绩，必须要有一个高素质的营销团队。什么是高素质的营销团队呢？除了专业的形象之外，还要具有翡翠的专业知识，善于察颜观色，分析顾客的购买心理，更要善于随机应变，把握各种销售机会，及时解决顾客提出的各种问题，为顾客做好参谋。比如有些客人会问为什么是男戴观音女戴佛呢?这个问题可以这样回答：其实男子以事业为重，情绪受外界工作环境的影响较大，性情比较反复。观音慈眉善目、仪态端庄，男子佩戴观音，增加了一份平和，一份稳重，可以助事业一臂之力。同时，“观音”的谐音为“官印”，这与中国传统的“封侯挂印”、“升官发财”的思想相对应，也是人们对事业蒸蒸日上、前程飞黄腾达的良好期望；女子以家庭为重，以母亲的形象成为一家之主，是整个家庭的象征。弥勒佛头圆、肚圆、身子圆，慈悲为怀、笑口常开、一团和气、乐观向上。女性佩戴玉佛，充分体现了母亲的慈爱，以及对整个家庭的和和美美、圆圆满满、欢欢喜喜的良好期望。同时也能像大肚佛一样偌大的肚量，能够容纳家庭生活繁琐之事，对待生活笑口常开，和气生财，所谓“家和万事兴”。而佛的谐音是“福”，戴佛寓意“代代有福”，能够保佑自己、家人和子孙和谐美满、富贵平安。这样的回答无疑能够让客人信服并提高兴趣，激发购买欲望。同时，销售没有一成不变的模式，产品是固定不变的，但需要营业员随机应变，用嘴巴将其说活，一件商品你能说到客人心坎上，讲出的含义正是客人所追求的理念，销售就成功了一大半。比如客人要给自己的儿子挑选一个翡翠挂件，希望他平安、健康、快乐地成长，你可以为她挑选一个竹节，并介绍说，竹节的寓意有很多，节节高、步步高升、事业蒸蒸日上、竹报平安，上面的小动物是一个蝉，蝉有“蝉联”的含义，代表小孩子读书、考试一鸣惊人，如此这般介绍就能迅速激发出客人的购买欲望。

三、制定合理的价格策略

“黄金有价玉无价”似乎已经成为顾客的共识，并且被他们理解为玉器的价格是商家漫天要价。顾客为了避免上当必须就地还价，翡翠商家为了迎合顾客的这种购买心理，不断抬高翡翠的定价再打折销售，以致市场上出现了翡翠饰品

1折销售的现象。其实是消费者不专业或对翡翠市场这种通行的折扣销售形成的惯性反应。从消费心理上进行分析，消费者购买翡翠的目的并不仅仅是为了获得直接物质满足和享受，更大程度上是为了获得心理的满足，这就出现了一种奇特的经济现象，即一些翡翠价格定得越高，就越能受到消费者的青睐，如果能以更“便宜”的价格购买，就会获得一种“胜利、合算”的快感。但是，当他们从这种快感中解脱出来，客观评价通过讨价还价获得的战利品时，他们又如何看待商家呢？他们可能会很失落或者对商家很失望。从翡翠市场的现实来看，高标价低打折的商家确实更能获得顾客的青睐，而实价销售或只给少量折扣的商家在价格谈判中确实较艰难，但他们能争取到的客户一定会对他们更加信任。由此看来，翡翠销售中价格折扣是必不可少的，但折扣一定要有一个“度”，过多的折扣会动摇消费者的信心，损害品牌形象，对企业的长远发展是不利的。

所以，翡翠饰品的价格在保持一定利润的基础上不能定得过高，要保持一定的折扣空间但不能有太多的价格折扣，在销售中要坚持一定的原则。比如说，我们日常销售中规定只打8折，对VIP客户7.5折，那么，到了这个限度决不能再让价，也许会招致客人短期内的不快，但时间长了，客人会自然适应，你的信任度就会自然提高，品牌形象也会不断得到提升。

四、善用玉文化进行推销

翡翠营业员应该了解中国传统玉文化，这也是我们“很专业”的一种表现。很多顾客是抱着对传统玉文化崇尚的心理购买翡翠饰品的，但他们对翡翠玉文化了解的程度不深，需要营业员有针对性地引导。消费者了解得更多的可能是祈福文化、辟邪文化等，所以他们购买的题材以观音、佛为主，能表达这种寓意的题材还有很多，比如说，玉璧是古代祭天的神器，手镯、玉扣等圆形佩饰都是由此演化而来的，佩戴它本身就是对天神的崇拜与敬仰，同时，圆形也有无边无际、八方逢缘、心胸博大的意思。营业员要善用自己掌握的玉文化知识提升客人对产品的兴趣，一旦客人有了对产品志在必得的冲动，那么营销的主动权就掌握在我们手里了。

五、学会接待不同性格的客人

营销人员每天都要同客人打交道，就要学会研究各种类型客人的购买心理。

我们可以将常见的客人分为几种类型：普通型、冲动型、优柔寡断型、大仙型、半仙型、傲慢型、攀比型等，以不同的方式接待不同的客人，选择合适的方式去吸引客人，加强与客人的沟通，就会增加成交的机会。

（1）普通型：多数客人属于这种类型，他们的购买能力比较一般，属于大众化消费。他们多数是中国传统玉文化的传承者，尤其崇尚祈福文化、辟邪文化。他们会根据自己的消费能力和消费观念对自己喜欢的产品做出选择。虽然他们有些主观，不会接受商家的诱导，但却很诚恳。他们爱作决定，喜欢发表意见。作为销售人员应该多取悦他们，尊重他们的意见，多为他们服务，尽量满足他们各方面的要求。

（2）冲动型：这类客户也很普遍，他们非常敏感，脑筋灵活，精力充沛，干脆利落，处事果断。这是比较容易打交道的一类客人，只要你说话客气、礼貌且表现出同样的爽快，是不难同他们做成生意的。但前提是你要取得他们的信任，且产品一定有他们感兴趣的特点。既然是冲动型客户，就必须有让他们产生冲动的“卖点”。

（3）优柔寡断型：这类客人一般以女性居多，她们受性格的影响，天生没有主见，虽然自己喜欢某件产品，但一定要征询一下别人的意见才能做出购买决策。因此，你必须要有耐性，更重要的是实事求是地阐述这件产品适合她的理由，如果你的销售伙伴能够帮忙确认一下，说出你同样的理由，就会增强她的信心。如果她是同朋友一起来的，与其说服她，不如说服她的朋友，朋友的首肯更容易帮助她做出购买决策。

（4）大仙型：所谓“大仙”，是指对翡翠非常内行的客人。他们对翡翠的质量评价非常专业，自己信心十足，有自己的审美观点，不需要营业员做更多的专业介绍，只要他们喜欢就会购买，他们注重翡翠的种、色、水品质好坏、作品巧雕、俏雕、打磨的工艺高低，以及翡翠作品本身的艺术及收藏价值，常常是高档或有特色的翡翠饰品的主要购买者。面对这类的客人，千万不要随便和顾客讲翡翠专业方面的知识，这样反而显得班门弄斧了。接待这类客人最重要的是让他们感觉到，他们受到应有的尊重，所以，接待时要多听、多赞许、多肯定、少说话。可以从翡翠的雕工、种、水、色方面肯定顾客的独到的眼光及选择，一方面赞美、肯定顾客的决策，同时加以言辞上的提醒，促使顾客把握机会购买。

（5）半仙型：所谓“半仙”是指那些对翡翠半懂不懂的客人。虽然是半懂不懂,却非要装懂。当你客气地向他介绍或推荐产品时,他会说:你别说,我知道。常常会让你非常尴尬。这类客人有两种类型,一类他们自负、敏感并非常主观,自以为是,但他们的购买行为会干脆果断。对这类客户要非常小心,切勿和他们辩论,对他们的意见、言论尽可能地表示赞同,即使有不同的意见,也要婉转地加以引导,这样,或许能做成生意。另一类是对商家怀有戒心,怕你骗了他,所以,不管你说什么,他都会拒绝。对这类客人,打破他的戒心、取得他的信任是最主要的,只要他对你产生了信任感,其他的事情就由你做主了。

(6)傲慢型:他们的行为举止有些傲慢,他的言语会使你感到不快,但是,他们的购买也会干脆果断。这时,千万不要生气,要更加面带微笑地和他们沟通,一旦他愿意和你交流便是你的机会,你很可能做成一笔大生意,得到意想不到的收获。和这类客人交谈时同样不要与他辩论,你应该表现得更自然些、更热情些。同时,和他们谈生意,要非常谨慎,尤其不能说错话,让他们抓住把柄。如果发生这种情况,你就会处于被动地位,生意就不好谈了。

(7)攀比型:这种客人没有翡翠消费的经验,更不具备翡翠评价知识,只是在他(她)的相关群体中有佩戴翡翠饰品的人让他(她)产生了购买的冲动。这种客人最好接待,因为他(她)已经有了消费模式,你只要了解他(她)的想法,照着他(她)的要求去做就行了。

六、不说多余的话

做生意的人一定懂得"言多必失"的道理。在没有搞清楚客人的需求和购买心理之前一定不要多说话,更不要盲目地推荐产品,要鼓励客人多说,多了解客人的想法,然后再有针对性地推荐。如果在没有搞清客人的需求之前总是喋喋不休,会招致客人的反感。比如说,现在客人购买貔貅是一种时尚,因为它具有招财和辟邪两层含义。如果顾客购买貔貅的心理诉求是招财,营业员介绍的重点就应该是貔貅招财的寓意,而不能往辟邪上介绍,否则就可能会招致客人的反感:我家有邪吗?有的营业员想介绍更全面一些,殊不知,这样做恰恰是画蛇添足。再比如说,客人根据自己的购买实力挑选了一件雕工一般的翡翠饰品,你为了迎合客人而去夸奖客人的眼光是如何的好,挑选了这么好的雕工的翡翠饰品,客人一听就知道你在说假话,反倒失去了购买欲望,到手的生意也就遗憾地搞砸了。

七、说优点、更要说缺点

我们强调在翡翠营销过程中，既要向客人介绍产品的优点，也要介绍产品的缺点。但是要突出优点、淡化缺点，这是一种语言表达艺术。一位优秀的推销员一定会注意语言表达的细节。比如说，在购买的过程中，顾客在挑选一件颜色、水头都不错的翡翠饰品，但又为内部有一些瑕疵而犹豫不决时，营业员一定会用翡翠形成的过程来向顾客解释了，即翡翠是天然形成的，在复杂的地质环境中形成的翡翠很难有完美的。同时会婉转地告诉顾客，即使有接近完美的翡翠，价格也是相当昂贵的，这点缺陷并不影响翡翠的佩戴和美观，这样客观地解释客人可能会接受。我们也可以这样说：这件货品虽然有点缺陷，但它的颜色、水头确实是非常漂亮的，而且价格也不高。但当我们换一种说法时：这件货的颜色、水头确实是非常漂亮，但是有点缺陷，所以价格不高。同样的意思两种不同的表达方式，给客人的心理感受是决然不同的。因此，在销售的过程中，营业员一定要注重语言表达艺术，注意顾客心理诉求的重点，美化重点的同时，婉转、科学地解释翡翠中的不足之处，这样顾客在明白道理的情况下就会坦然接受，同时，也不会造成售后的不满和怨言了。

八、宣传消费者的感受而不宣传迷信

很多情况下我们要学会认同客人而不是去教育客人。关于这个问题，前面已经谈了很多，这里还要强调一点：翡翠作为中国几千年玉文化的传承者，人们赋予它太多的文化内涵，如佩玉可以治病，可以辟邪、可以护身等。玉的神秘传说古已有之，认为玉是神灵之物，有无所不包的功能，这是由于古代科技不发达时对玉的功能的种种解释和运用，在如今的信息科技时代，我们就不能再将这些功能作为卖点。而应该从文化的角度宣传它的高贵和审美价值。一些消费者身体有某些疾病，佩戴翡翠以后，病神奇地好了，其实是心理作用。一些消费者据此对翡翠的功能大加宣传是可以理解的，翡翠也许具有超乎大自然的神奇力量，但没有科学的根据。对消费者的看法我们只能认同，并且可以列举以前你所接待的客人的经历，肯定客人的说法，但不能将这些迷信的东西作为卖点加以宣传。

九、善用促销手段

促销的时机有很多，如开业促销、节假日促销、折扣促销，但促销的方式要认真选择。折扣促销是不值得提倡的，打低折是对翡翠文化的亵渎，它所带来的只能是消费者信心和品牌形象的降低，折扣最多只能用于对老客户的回馈。所以，促销的方式应更多地选择服务促销和情感促销。今天，几乎所有的公司都在喊着“顾客是上帝”、“服务至上”的口号，尽管优质服务做起来要比说起来难得多，但至少他们已经意识到了服务的重要性。生意好坏，除品牌、质量、价格之外，还取决于商品的售前、售中、售后的服务。我们在销售产品时，不仅要为他们提供质量放心的产品，还要提供热情周到的服务，让顾客满意而归，这本身就是一种情感的培育过程。而情感促销则是以某些促销方式主动让顾客欠你一份感情债。比如顾客购买了我们的产品我们主动送他一些小礼物，让他得到一份意外的惊喜，他就会觉得欠你一份情，以后有机会他可能会来还这笔情债，而最好的还债方法就是购买你的商品。

十、制造稀缺

在经济学中，稀缺性是指相对于人类欲望的无限性而言，经济物品或生产这些物品的资源的相对有限性是制造稀缺的基础。市场经济的实质就是肯定稀缺，什么越稀缺，什么就越值钱。想想近年来古董为什么奇货可居？拍卖行里的拍卖品为什么屡创新高？稀缺是最直接的原因。稀缺理论的运用是基于消费者的需求，要专注于消费者的需求、消费心理和行为分析。激起他们的购买欲望，消费者的拥有欲望越强烈，就越愿意为之付出金钱。

实际上，翡翠本身就是一种稀缺的资源。近年来，国内消费者对翡翠的需求量越来越大，而翡翠的资源越来越少，高档翡翠的资源更是近于枯竭，以致近年来高档翡翠价格逐年成倍上涨，资源的稀缺为高档翡翠饰品提供了巨大的增值空间。而创造翡翠稀缺的空间远非如此，我们知道，翡翠的颜色千变万化，水头种类繁多，每一件产品都各不相同，同一块翡翠原石由不同的设计师进行设计会有不同的创意，“只此一件”的设计为创造稀缺提供了巨大的空间。除此之外，还有造型的稀缺、工艺的稀缺等。在购买翡翠时，我们一直强调货品要有特色，其意义也在于此。创造稀缺是翡翠营销的魅力之所在，给产品赋予另一种功能，使产品概念变得完全不同以致比原来的更稀缺，翡翠产品就会身价倍增。

总之，翡翠的消费心理受中国传统玉文化、传统习俗的影响，翡翠的销售技巧也需要结合传统文化以及购买习俗进行总结和研究。翡翠的交易或许不是在销售一件商品，而是在传承一种古老的习俗和文化。从事翡翠营销的人必须通晓中华民族特有的玉文化，并在日常生活中系统学习营销理论，提高自己的文化素质，在销售中善于总结经验，才能取得更好的营销业绩，我们的事业才能逐渐走向成功。

参考文献

徐军.翡翠精品投资技巧.昆明:云南美术出版社,2006.2.
徐军.翡翠等级与价格——识辨、保值与误区.昆明:云南美术出版社,2005.12.
袁心强.翡翠宝石学.武汉:中国地质大学出版社,2004.8.
田树谷.珠宝千问.北京:中国大地出版社,2004.3.
张竹邦.翡翠探秘.昆明:云南科技出版社,1993.9.
欧阳秋眉.翡翠ABC.香港:香港天地图书有限公司,1997.2.
谢天宇.中国玉器收藏与鉴赏全书.天津:天津古籍出版社,2006.11.
刘道荣等.赏玉与琢玉.天津:百花天艺出版社,2003.1.
钱振峰.白玉品赏与投资.上海:上海文化出版社,2007.3.
欧阳秋眉.翡翠选购.台湾:台湾淑馨出版社,1998.10.
徐军.翡翠赌石技巧与鉴赏.昆明:云南美术出版社,2006.12.
郑永镇.翡翠鉴赏与选购.台湾:台湾宝虹珠宝公司,1999.1.
李贞昆.玉王翡翠.昆明:云南科技出版社,1997.4.
摩太.摩太识翠——翡翠鉴赏、价值评估与贸易.昆明:云南美术出版社,2006.10.
余平,李家珍.翡翠及商贸知识.武汉:中国地质大学出版社,1993.6.
包德清.珠宝市场营销学.武汉:中国地质大学出版社,2004.3.
余世维.突破中小企业发展瓶颈.北京:东方出版社,2006.1.